지훈아! 한 번뿐인 人生 이렇게 살아다오.

지훈아! 한 번뿐인 人生 이렇게 살아다오.

전오식 著

책머리에

　6년 전, 〈은평 Times〉로부터 칼럼을 써 달라는 청탁을 받고, 완곡히 거절을 하였었다. 그것을 쓸만한 능력이 있을까 하는 의문뿐만 아니라, 칼럼이라는 분야에 경험이 없어 생소하였고, 더구나 현직 공직자라는 신분이 여러 모로 걸림돌이 될 수 있기 때문이었다.
　그러나 거듭되는 요청에 연재를 시작한 것이 어느덧 100여회를 지나게 되었고, 여러 사람으로부터 많은 찬사와 격려도 받았다.

　일반적으로, 칼럼을 보면 대부분 그 내용이 교과서적이고 주제에 대한 훈계조로 삭막하고, 딱딱한 것이 많다. 어쩌면 그것이 칼럼의 속성이기도 하다.
　그래서 재미가 있으면서 철학이 있는, 읽기 편한 칼럼을 써 보자는 내 나름대로의 생각에 〈에세이 칼럼〉이란 새로운 장르를 개발, 집필을 시작하였다.

　중국의 역사가 사마천이 〈사기열전〉을 쓰게 된 동기가 그랬듯이 정직하고, 양심적이고, 성실한 대부분의 사람이 잘 살지 못하고, 빛을 보지 못하고 스러지고, 갖은 권모술수와 적당주의에 정당치 못한 사람이 성공하는 혼돈의 시대에 많은 회의와 모멸감을 갖고 있었던 것도, 칼럼을 쓰게 된 동기가 되기도 했다.

여기에, 평소 생각하고, 느끼고, 경험했던 바를 주로 고사(故事)를 많이 인용, 현실에 맞게 써 보았다.
　많은 세월전의 어느 날, 자식의 대학진학을 위한 담임선생님으로부터 학부모 상담요구 연락을 받았었다. 방문하는 길, 학교 인근 약국에서 드링크 한 박스(10개들이)를 사려고 하니, 아들놈이 펄펄 뛰는 것이었다. 그것을 왜 사 가느냐고, 그러려면 자기는 상담하는데 절대 같이 가지 않겠다는 것이었다. 드링크 한 박스가 그의 눈엔 뇌물로 비쳤던 것이다.

　물이 너무 맑으면 물고기가 살지 못한다는 속담이 있긴 하나, 고기도 고기 나름이라고 생각한다. 1급수에 사는 물고기가 있는가 하면 2급수, 3급수에 사는 물고기도 있으니……。

　여기에 수록된 글이 내 아들은 물론, 세상을 살아가는 모든 이들에게 조그만 공양이 되었으면 더없는 영광으로 생각하겠다.

2006. 3

전 o 식

차 례

지훈아! 한 번뿐인 人生 이렇게 살아다오. • 11

동가식 서가숙(東家食 西家宿)하는 사람들 • 12
순수와 정의사회는 언제쯤 … • 14
갑부의 명성, 정치가의 명예, 후세에 향긋한 추억 있는가? • 17
출세(出世)가 좋다지만 … • 20
유아무와 인생한(有我無蛙 人生恨) • 23
공직자의 도덕성(公職者의 道德性) I • 26
공직자의 도덕성(公職者의 道德性) II • 29
인간의 욕심 그 한계는? • 33
무고이득천금(無故而得千金)하면 • 36
청빈의 한계 • 39
나의 이익이 상대방에게 해가 되는 고단한 세상 • 42
무엇을 남기고 갈 것인가 • 45
저승에서라도 부디 속죄하길… • 47
멋진 회고록(回顧錄)을 쓰려면 • 50
지훈아! 한 번뿐인 인생(人生) 이렇게 살아다오. • 52
아이보다 못한 어른들 • 55

오늘 사랑한 사람, 내일도 사랑했으면 • 59

남과 여, 그 끝없는 애증(愛憎) • 60
오늘 사랑한 사람, 내일도 사랑했으면 • 64
신.언.서.판(身.言.書.判) • 67

고진감래(苦盡甘來) • 69

누구를 만나느냐, 그것은 인생의 갈림길 • 73

평범한 생활에 만족을… • 76

속이 꽉 찬 사람 • 79

인생은 만남의 역사 • 82

일일지환 묘시주(一日之患 卯時酒) • 85

삼인행이면 필유아사(三人行 必有我師) • 88

청년(靑年)들이여, 젊음을 허송하지 말라 • 91

독서의 즐거움 • 93

갑(甲)은 을(乙)을 묻어주고, 병(丙)은 갑을 묻어주고… • 97

속리산(俗離山)에서의 하루 • 98

인생은 오솔길 • 102

갑(甲)은 을(乙)을 묻어주고, 병(丙)은 갑을 묻어주고… • 105

생각하는 계절 • 108

인생은 한편의 서사시(敍事詩) • 111

오월, 부디 잘 가시오. • 114

주말농장 가는 길 • 117

순간, 순간, 지금이 중요하다 • 120

벌초(伐草)를 하면서 • 123

새해, 어떤 마음을 가지고 살까 • 126

보리밭이 있는 서정 • 129

아버지, 아버지가 살아야 가정도 살고 사회도 산다. • 133

가장 안타까운 죽음 • 134
내 고향 6월은 • 138
섣달 그믐(除夜) • 141
엄마야 누나야 고향에 살자 • 144
상가승무노인곡(喪歌僧舞老人哭) • 147
화장실에서 혼자 우는 아비들 • 150
어머니 내음 • 153
아들 결혼하던 날 • 154
어머니 상경기 • 157
가정의 달 5월에 • 160
자식농사(子息農事) • 163
아버지, 아버지가 살아야 가정도 살고 사회도 산다. • 166
젊은이들이여, 어머니를 슬프게 하지 말자 • 169

술 때문에 • 173

웰컴투 동막골 • 174
그리움은 행복의 전제(前提) • 176
독락정(獨樂亭) 유래 • 179
주례유감(主禮有感) • 182
한식(寒食)에 • 185
망각, 건망증, 불편하기만 한가. • 187

화를 내지 않고 살수 있다면… • 190
이상한 법칙들 • 193
네잎 클로버의 행운(幸運) • 196
물의 철학 • 199
술, 그리고 담배 • 202
술 때문에 • 205
강한 자여 그대 이름은… • 209
아! 소리, 소리, 소리 • 211

사랑도 지나치면 괴로움으로 • 215

휘호(揮毫)대회를 기리며… • 216
외국어의 꼴불견들 • 219
사랑도 지나치면 괴로움으로 • 222
팔진미(八珍味) • 225
통 큰 지도력 • 228
춘추필법(春秋筆法)으로… • 230
왼손이 한 일 오른손이 몰라야 • 233
지하철에서 생긴 일 • 236
서라벌 밝은 달밤 밤들이 노니다가 • 239
소유(所有)의 불편(不便)함 • 242
제3의 인생, 이렇게 살아야지 • 245

지훈아! 한 번뿐인 人生 이렇게 살아다오.

동가식 서가숙(東家食 西家宿)하는 사람들

송(宋)나라 이방(李昉)이 지은 〈태평어람(太平御覽)〉에 다음과 같은 글이 있다.

「제(齊)나라 때 한 고을에 아름다운 처녀가 살고 있었는데, 어느 날 두 곳에서 동시에 청혼이 들어왔다. 동쪽에 살고 있는 총각은 인물은 보잘 것 없으나 재산이 많았고, 서쪽에 살고 있는 총각은 재산은 없으나 인물이 출중하였다. 처녀는 둘 중에 하나를 선택하기가 참으로 어려웠다. 이러지도 저러지도 못하고 있을 때, 이에 매파가 한 가지 방법을 제시했다. 동쪽에 살고 있는 총각이 좋으면 오른손을 들고, 서쪽에 있는 총각이 좋으면 왼손을 들라고 했다. 그런데, 처녀는 양쪽 손을 모두 들었다. 매파가 의아해서 그 이유를 처녀에게 물었더니, "밥은 동쪽 남자의 집에서 먹고 잠은 서쪽 남자의 집에서 자겠어요."라고 대답했다. 그래서「동가식 서가숙」이란 말이 나오게 되었는데 그 뜻은 두 가지로 쓰이고 있다. 자기의 이득만을 위하여 지조도 없이 행동하는 것과, 갈곳이 없어 이리저리 떠돌아다니며 생활하는 것이 그것이다.

이와 비슷한 이야기가 우리나라 조선조의 〈대동기문(大東奇聞)〉이란 책에도 있다. 태조(太祖) 이성계(李成桂)는 조선을 개국한 후 어느 날 개국공신들을 불러 성대한 주연을 베풀었다. 그때 어느 주책없는 신하가 술이 얼큰하여, 설중매(雪中梅)라는 기생의 손을 만지작거리며 "너는 동가식 서가숙 하는 기생이니 오늘밤에는 나의 수청을 드는 게 어떠냐?"고 추근댔다. 이에 설중매는 "동가식 서가숙하는 천한 기생이니, 어제는 왕(王)씨(고려조를 말함)를 섬기다가 오늘은 이(李)씨(조선조를 말함)를 섬기는 그대를 모신다면 궁합이 참 잘 맞겠네요."라고 받았다. 그 술자리가 얼마나 황당했겠는가. 그래서 주연은 흥이 없이 끝나고 말았다고 한다.

고금(古今)을 막론하고 지조 없이, 줏대도 없이 행동하는 어리석은 자들이 얼마나 많았던가? 아무리 하찮은 필부(匹夫)라도 최소한의 가치관과 기본 정신은 있어야 한다. 하물며 사회의 지도층에 있는 사람들이야 더 말해 무엇하랴. 특히, 정치하는 사람들, 자기 잇속만을 차리기 위해 이리저리 빌붙어 눈치만 살피며 행동하는 경우가 없지는 않은 것 같다. 그렇게 행동하는 것이 본인에게는 얼마간의 이득이 있는지 모르겠으나 만인들이 멸시하고, 폄하하는 것은 왜 모를까? 넓게는 역사적으로, 사회적으로, 좁게는 친구 간에, 이웃 간에, 인간답지 않게 보이는 것, 얼마나 실패한 인생(人生)인가.

IMF를 당하여 어쩔 수 없이 직장을 나와야 했고, 또 사업에 실패한 불운한 사람들, 그래서 하룻밤 잠자리와, 눈물 젖은 빵 한 조각이 아쉬운 노숙자들, 어디로 가야 하나, 황혼에 갈길 몰라 낙엽처럼 서성이는 그들의 「동가식 서가숙」은 그래도 많은 사람들의 동정이라도 살 수가 있지 않은가.

순수와 정의사회는 언제쯤 …

남이 모르는 것을 속이려 해도 뜻대로 되지 않거늘,
천하가 아는 것을 속이려 했으니 죽임을 당할 수밖에.
한 사람의 손으로는,
천하의 눈을 기리기 어려우리.…
못 보았는가, 석자 높이의 무덤에
그늘졌다, 볕들다 하며, 풀빛만 푸르른 것을.

중국의 조업(曹業)이 〈사기(史記)〉의 이사열전(李斯列傳)을 읽고 그 느낀 바를 이렇게 시(詩)로 썼다. 이사(李斯)는 초(楚)나라 사람으로, 작은 마을의 미천한 몸으로 진(秦)에 들어가 진(秦)왕의 신하가 되었다. 열국(列國)의 분쟁을 교묘히 이용하여 공작을 하고, 시황(始皇)을 보좌하여 마침내 시황으로 하여금 제왕(帝王)의 업(業)을 이루게 하고, 자신은 삼공(三公)의 높은 벼슬에 올랐다.

그는 높은 벼슬과 녹(祿)을 가지고서도 아첨, 영합하였으며, 명령을 엄하게 하고, 형벌(刑罰)을 혹독하게 했을 뿐 아니라 조고(趙高)의 요사한 말에 혹(惑)하여 적자(嫡子)를 폐하고, 서자(庶子)를 옹립하기도 했다. 진시황의 분서갱유(焚書坑儒)도 그의 진언에 의한 것이었다.

작금(昨今)의 우리 현실은 어떠한지 반추(反芻)해 보자. 매일 신문 지상이나 각종 매스컴을 통하여 하루도 거르지 않고 사회의 지도층이나 고위층, 또 보통사람들이 평소 우러러 볼만한 지위에 있는 분들이 이런저런 연유로 해서 사정기관의 조사를 받는 일이 비일비재하고 있다. 평소, 그 분들이 하고 있는 일이나 지위로 보아 의아해 하지 않을 수 없다. "하늘을 우러러 한점 부끄럼이 없다." "성경에 손을 얹고 진실만을 말한다." "진실이 아니면 할복을 하겠다." 그분들의 변명이 참으로 그럴 듯하여, 우리 소박한 사람들은 "그러면 그렇지, 그의 인격이나 사회적인 위치로 보아 어찌 그럴 수 있겠는가, 아마도 잘 못 알려진 것이겠지." 그러나 얼마 지나지 않아 그것이 사실인 경우가 허다하다.

학교에서, 사회에서, 모든 교육기관에서, 종교에서, 진실을 가르치고 있다. 그 분들도 평소 입만 열면 옳은 소리만 했는데, 모범이 되어야 할 분들이 그 모양이다. 그들이 하는 말, 그들이 저술한 책, 사회적인 명성, 얼마나 높고 귀한 사람들인가. 그 말을 듣고 어느 누가 감히 의심을 품을 수 있겠는가. 그런데, 그 세 치 혀의 침이 채 마르기도 전에 영어(囹圄)의 몸이 되고 있으니 기가 찰 노릇이다. 차라리 그 사람들이 일반 시정(市井)의 필부필부(匹夫匹婦)였다면 그렇게 허탈하지는 않을 것이다.

"내가 어찌어찌 하다가 잘못을 저질렀다. 눈앞에 어른거리는 이익을 위해 잠시 이성(理性)이 흐렸나보다. 죄 값을 달게 받겠다. 한번 용서한다면 개과천선 하겠다"
오히려 이렇게 한다면, 우리 모두는 잘못을 저지를 수 있는 어쩔 수 없는 인간이기에, 일말(一抹)의 측은지심이라도 발동될 수도 있을 것이다. 멋쟁이라고 박수칠 수는 없어도, 그래도 양심이 있는 사람이라고 얼마간의 점수를 줄 수도 있을 것이다.

진실이 거짓으로 매도되고, 가소로운 행동과 말을 하고 있는 위선에 가득 찬 인간들을 전지전능하신 신(神)이 있어, 내려다본다면 아마도 너무 우스워 배를 움켜잡고 몸을 가누지 못할 것이다. 웃다가 인간들의 꼬락서니가 불쌍하여 끝내는 눈물을 흘리고 말 것이다.

만유(萬有)의 혼돈(混沌)과 시름을 안고 유유히 흘러가는 인간의 역사가 언제쯤이나 순수함과 정의를 찾을 수 있을까?

갑부의 명성, 정치가의 명예,
후세에 향긋한 추억 있는가?

〈팡세〉의 저자이며, 39세의 짧은 생애를 살다간 파스칼, 그 〈팡세〉의 내용 중에 다음과 같은 글이 있다.

「인간에게 있는 가장 큰 비열함은 명예를 추구하는 것이다. 그러나 그것은 인간이 우월한 가장 큰 특징이기도 하다. 인간은 아무리 많은 재산을 가지고 있고, 아무리 건강하고, 안락함을 누리고 있다 해도 다른 사람으로부터 존경을 받지 못한다면 만족하지 않기 때문이다. 인간은 이성을 매우 존중하므로, 아무리 좋은 지위를 지상에서 차지하고 있다 하더라도 인간의 이성 속에서 명예로움을 차지하지 못하는 한, 인간은 만족하지 않는다. 그것은 이 세상에서 가장 훌륭한 것이므로, 그 무엇으로써도 인간을 이 소망에서 떠나게 할 수 없다. 인간을 가장 경멸하고, 인간을 금수(禽獸)와 같이 취급하고 있는 사람까지도, 다른 사람으로부터 칭찬과 신용을 받기를 원한다.」

우리 인간이 다른 동물과 구별되는 특징중의 하나가 수치심(羞恥心)을 느끼는 것이라고 한다.

인격, 학문, 재산, 지위, 용모 등 그 어느 면에서나 뒤지게 되면 수치스럽게 생각하고, 명예에 손상이 되므로 태어나면서부터 죽기 살기로, 기를 쓰고 배우고, 익히고, 경쟁하면서 하루하루를 노심초사(勞心焦思)하며 연명해 간다.

학문을 익혀서 저명한 논문으로 학위(學位)를 얻은 사람, 열심히 사업을 하여 자타가 부러워하는 부(富)를 일군 사람, 군계일학(群鷄一鶴)으로 용모가 훌륭한 사람, 일국을 호령하는 지위에 있는 사람, 모두가 명예를 위해 숨이 차게 뛰고, 달려간다. 가다가는 수단과 방법을 가리지 않는 경우가 허다하다. 그러나 그렇게 해서 얻은 그 명예가 여러 사람의 마음속으로부터 우러나오는 존경의 대상이 되지 못한다면 무슨 가치가 있으랴. 참으로 서글픈 일이 아닐 수 없다.

이상하게도 우리 사회에서는 재산이 많은 사람들, 권력을 가진 사람들이 존경을 받는 경우가 많지 않은 것이 사실이다. 재산이 많은 사람은 부러움의 대상이 되기도 하지만, 마음속으로부터 존경을 하지 않는다. 권력을 가진 사람 앞에서도 어쩔 수 없이 굽신거리고, 머리 숙이지만 돌아서면 입을 삐죽거린다. 물론 모두가 다 그런 것은 천만 아니지만, 왜 그럴까? 그것은 그들이 정도(正道)로서 그 지위와 재산을 얻은 것이 아니기 때문이다. 그 지위와 재산을 얻기 위해서 남을 속이기도 했고, 약자를 짓밟기도 했고, 권모술수를 다 부렸기 때문이다.

지위가 좀 낮으면 어떻고, 가진 것이 좀 모자라면 어떤가? 학문이 좀 떨어지면 어떻단 말인가? 주위 사람으로부터, 가족으로부터, 친구로부터 진정 존경을 받는다면 그가 진실로 명예로운 사람이 아닌가.

부자가 되어 재산을 많이 남긴 사람, 정권을 잡아 이름을 남긴 사람, 각자 사람마다 그 욕망과 추구하는 명예도 가지각색이지만 갑부의 명성이나, 정치가의 명성이, 도도한 역사의 물결 위에 향긋한 추억으로 기억되는 경우는 매우 드문 것 같다.

페이터의 산문의 한 구절이 생각난다.
「진실로 사후의 명성에 연연(戀戀)해 하는 자는, 그를 기억해 주기를 바라는 사람의 하나하나가, 얼마 아니 하여 이 세상에서 사라지고, 기억 자체도 한동안 사람의 마음의 날개에 오르내리나, 결국은 사라져 버린다는 것을 알지 못하는 사람이다. 네가 장차 볼 길 없는 사람들의 칭찬에 그렇게 마음을 두는 것은 무슨 이유인고? 그것은 마치 너보다 앞서 이 세상 났던 사람들의 칭찬을 구하는 것이나 다름이 없는 어리석은 일이 아니냐?」

출세(出世)가 좋다지만…

「빙글빙글 도는 의자 회전의자에
임자가 따로 있나 앉으면 주인이지 …..」

6,70년대 상영되었던 것으로 기억되는 회전의자(回轉椅子)라고 하는 영화의 주제곡 일부이다. 영화를 본 것이 상당히 오래되었으나 지금도 그 줄거리가 생생히 기억되는 것은 오늘을 살아가는 우리들에게 시사하는 바가 적지 않기 때문이라고 생각된다.

「주인공(신성일扮)은 소위 일류대학을 나온 엘리트로서 누구보다 큰 야망과 포부를 간직하고 대(大)회사의 가장 말단인 외판사원(外販社員)으로 입사를 한다. 입사하는 날부터 그는 오로지 승진만을 위하여 인정이나 도리, 친구간의 우정, 사랑도 짓밟아버리고, 모략과 중상 등 온갖 수단과 방법을 다 동원한다. 그렇게 하여 짧은 기간에 일약 상무(常務)의 지위에까지 오른다. 상무로 승진하여 첫 출근을 하는 날, 부하 직원들이 현관에 도열하여 박수로 환영을 하고 있을 때, 느닷없이 동료 하나가 달려들어 중인환시리(衆人環視裡)에 호되게 뺨을 후려친다. 그 날로 그는 사표를 내던지고 총총히 회사를 나와 버린다.」

　중국 진(晋)의 도연명(陶淵明)은 평생에 다섯 번 출사(出仕)했는데, 이유는 오직 관직과 지위를 위해서가 아니라 아사(餓死)직전에 놓인 가족들을 구출하기 위해서였다고 한다.

　자신의 천성으로는 도저히 용납할 수 없는 역겨운 현실에 환멸을 느끼고, 타락한 세속과 타협할 수 없었기에 그는 번번이 집으로 돌아오곤 했다. 그가 지은 귀거래사(歸去來辭) 서문(序文)에 보면 이렇게 씌어 있다.

「전에도 남의 밑에서 벼슬살이를 했지만, 그 모두가 입에 풀칠을 하기 위한 것으로, 스스로 내 몸을 학대한 것에 지나지 않는다. 새삼 서글픔과 비분강개(悲憤慷慨)하는 마음이 가슴을 메우고, 나 자신이 평소에 지녔던 뜻 앞에 부끄러워 고개를 들 수가 없었다.」

　1930년대 영국의 황태자였던 윈저공은 당시 상류 사교계의 인기를 받고있는 심프슨 부인과 열애에 빠졌다. 에드워드 8세로 왕위에 오를 위치에 있던 그는, 국민과 정부의 강력한 반대로 왕위를 택할 것인가, 그렇지 않으면 사랑을 택할 것인가의 기로에서, 미련 없이 왕관을 버리고 사랑을 택했다.

　우리나라에도 조선말엽 유명한 김삿갓이 있었다. 그의 이름은 김병연(金炳淵)이고, 호는 난고(蘭皋)이다. 1807년(순조7년) 당시 세도가인 안동 김씨 김안근의 둘째 아들로 태어났다. 문재(文才)에 뛰어난 그는, 어느 날 지방에서 실시한 백일장(白日場)에 나아가 당당히 장원을 하였다. 백일장에서 시제가 원하는 대로 홍경래 란(亂) 당시 항복을 한 선천부사 김익순의 죄상을 낱낱이 탄핵하고 그 비겁함을 통쾌하게 꾸짖었으나, 그 김익순이 자기의 할아버지란 사실을 뒤늦게 알고 얼마나 통탄을 했던가. 조상에 대한 불효를 스스로 단죄하면서, 눈앞에 펼쳐진 벼슬길을 마다하고 한잔 술에 시 한수로, 36년간을 정처 없이 떠돌아 다녔다.

출세(出世)란 사전적 의미로 보면 입신(立身)하여 훌륭하게 되는 것을 말한다. 물론 세상에 태어나 지위(입신하는 것)를 얻는 것 자체가 어찌 좋지 않겠는가. 그러나 그 지위를 얻는 방법이 현실에 아부하고, 권모술수에 의한 것이라면 그것이 과연 훌륭하다 할 것인가.

현실을 도외시하고, 인생을 달관(達觀)한 척 거드름 피우지 않고 은퇴하여 손수 김 매고, 땀 흘려 일하고, 이웃과 가족들에게 존경받은 도연명, 온 세상이 부러워하는 왕관도 진실한 사랑을 위하여 헌신짝처럼 버린 세기의 로맨스의 주인공인 원저공, 불효막심한 인간이 어찌 하늘을 보며 출세지간에 나설 것인가를 번민하다 평생을 삿갓 쓰고 하늘을 가리고 산 김삿갓.
누가 그들을 지위가 없다하여 훌륭타 하지 않으랴.

유아무와 인생한(有我無蛙 人生恨)

　조선조 숙종 년간, 어느 날 임금이 신하를 대동하지 아니하고, 평복으로 민정시찰에 나섰다. 민가 지리에 밝지 못한 임금은 이리저리 돌아다니다 가난한 선비들이 모여 살고 있는 남산골의 골목으로 들어섰다.
　그중 초라하기 그지없는 어느 집을 지나치는데, 행색이 남루한 한 선비가 자기 집 앞에서 신세 한탄을 하고 있었다. 쓰러져 가는 기둥 벽에는 유아무와 인생한 (有我無蛙 人生恨 : 자신은 있는데 개구리가 없어서 인생이 한스럽다)이란 글씨를 큼지막하게 붙여놓고……

　임금이 이상히 여겨 그 연유를 물어봤겠다.
　선비 왈(曰)
「따뜻한 어느 봄날, 숲속의 날짐승들이 모여서 큰 상금을 걸어놓고 노래자랑 장기대회를 열었다. 까마귀, 까치, 꾀꼬리, 박새, 찌르레기, 황새, 온갖 새들이란 새는 다 참석을 하였고, 심판은 좌장인 부엉이가 보게 되었다. 예선을 여러 번 거쳐서 마지막 결선에 오른 새는 꾀꼬리와 까마귀 둘이었다. 그러나 결전을 하루 앞두고 까마귀는 고민에 빠지지 않을 수 없었다. 보나마나 꾀꼬리의 그 노래 실력을 당해 내기에는 천만 역부족이라는 것을 누구보다 까마귀, 자기가 잘 알고 있었기 때문이었다. 결과는 불을 보듯이 뻔했다. 생각다 못한 까마귀는 결심을 하고, 큼지막한 자루 하나를 준비해 가지고 그날 달밤에 무논으로 나갔다. 밤이 새도록 철벅거리며 자루에 가득히 부엉이가 좋아하는 개구리를 잡아 가지고 새벽녘에 부엉이 집의 대문을 두드렸다. 뇌물을 바친 까마귀가 장원이 된 것은 불문가지(不問可知)의 일, 꾀꼬리는 그렇게 슬피 울면서 숲속으로 날아가 버리고 말았다.

나도 수십 번 과거시험에 응하였지만, 탐관오리 등쌀에 매번 낙방을 하고 말았다. 내 생애에 갖다 바칠 개구리(재물)가 없기 때문에 한이 맺혔다.」

사연을 다 듣고 난 임금은 개탄스러움을 금치 못하고 선비에게 일렀다.

"모월 모일에 과거시험이 있을 예정이니, 이번에 응시하면 틀림없이 합격할 것"이라고…

선비는 반신반의했지만, 그날이 오자 준비를 하고 다시 시험에 응시, 과장으로 나갔다. 그런데 천만뜻밖에 과거시험 제목은 「有我無蛙人生恨」 바로 그것이 아닌가?

대체로 일반인들은 자기보다 10배의 부력(富力)을 가지고 있으면 그에 비하(卑下)하고, 백 배가 되면 그를 두려워하고, 천 배가 되면 그에게 사역(使役)되고, 만 배가되면 그에 노예가 될 수 있다고 한다. 사람이 살아가는 데 재물은 참으로 필요하다. 더구나 자본주의 사회에서는 그것 없이는 안락한 생활이 보장되지 않는다. 과거 우리 선조들은 「나물 먹고 물 마시고, 팔베개하고 누웠어도, 인생의 즐거움이 거기에 있다.」고 안빈낙도(安貧樂道)의 생활을 가치의 최상위에 두었지만 지금은 이에 전적으로 동의하기에는 의문이 있다. 정신세계(精神世界)의 중요성을 주창한 사마천(司馬遷)도 재물의 중요성을 부정하지 못해, 열전 마지막에 화식열전(貨殖列傳)을 두었고, 공자도 "창고가 차야 예절을 알고, 의식이 풍족해야 영욕을 알며, 예는 있는 곳에서 생기고, 없는 곳에서 폐지된다."고 했다.

그러나 돈, 재물이 그렇게 필요하고 중요하지만 그 자체가 목적이 되어서는 아니 된다. 어디까지나 인생을 살아가는 데 수단이 되어야 하고 그 수단 또한 바람직한 것이어야 한다. 좋은 수단으로 쓰면 향기가 나고 만인이 박수를 치지만 그렇지 못하면 악취가 나고, 패가(敗家)하고 망신(亡身)할 수 있다.

공직자의 도덕성(公職者의 道德性) I

　공직자의 도덕성(청렴도 등)은 어느 수준이어야 타당할까?
　자고나면 각종 매스컴을 뒤덮는 공직자의 부조리(不條理) 실상이 하루가 멀다 하고 인구(人口)에 회자(膾炙)되고 있다. 그리고 사람들은 혀를 찬다. "공직자가, 공무원이, 또는 정치인이 그럴 수 있느냐?"고……. 또 "밝혀진 것 외에 얼마나 크고 작은 부조리가 많을 것이냐?"고.

　사람들의 입은 침이 마를 새가 없다. 물론 공직자는 청렴하고 정직 성실하여 도덕성이 출중해야 함은 법(法)에도 명시했을 뿐 아니라 그것은 법 이전의 당위(當爲)의 문제다.

　국민들의 세금에 의해 봉급을 받고, 또 그들을 위해 공공의 임무를 수행하고 있는 사람이 그를 믿고 임무를 맡긴 사람들을 배신한다는 것은 이율배반의 행위이다.

　그러면 공직자는 그 도덕성이나 청렴도가 어느 수준이 되어야 마땅할까?
　결론적으로 말해 무한정일 수는 없다. 공직자도 결국은 신이 아닌 사람이니 말이다. 그것을 바라는 것은 아마도 이상일 것이다.

청렴결백의 대명사로 이름난 조선시대의 황희나 맹사성같이 모든 공직자가 그와 같으면 오죽이나 바람직 하랴마는 현실은 난망이다. 공직에 몸을 두고 있는 사람도 그 시대, 그 사회의 구성원의 일원이기에 어쩔 수 없이 그 사회를 월등히 뛰어넘을 수는 없는 노릇이다. 한 물에 든 고기라는 말도 있듯이 그 물(사회)을 떠나서는 생존하기가 여간 힘든 것이 아니다.

그래서 공직자의 도덕성은, 그 사회(국가)의 일반적인 도덕수준에서 약간 상위하는 차원이면 된다고 생각한다.

세상이 온통 탁(濁)한데 오직 공직자만이 독야청청(獨也靑靑)하기를 바란다는 것은 희망사항이라고 생각한다. 물론 공직자가 그 약간 높은 수준에서의 도덕성에 만족해야 한다는 것은 천만 아니다.

그 시대 그 사회(국가)에 맥맥히 흐르는 전체의 도덕수준을 높여야 공직자들도 거기에 따라서 한 차원 높은 도덕성을 기대할 수 있다는 말이다.

중국 초(楚)나라 시절 청렴결백하고 현신(賢臣)인 굴원이란 자가 있었는데, 너무 청렴하고 강직하여 아첨하는 무리에게 참소되어 귀양을 가게 되었다. 귀양길 굴원이 양자강에 도착하여 흐트러진 머리카락으로 강가를 탄식하면서 걷고 있었다.

어부가 그를 발견하고 물었다.

"당신은 삼려대부(三閭大夫 : 왕족을 맡아보는 관직 이름)가 아니십니까? 어떻게 해서 그 몰골로 이곳까지 왔습니까?"

굴원이 말했다. "세상이 온통 흐렸는데 나만이 맑고, 세상이 모두 취했는데 나만이 맑은 정신이기에 추방된 것이다."

어부가 다시 말했다. "세상이 온통 흐렸다면 어째서 그 탁류에 몸을 맡기고 그 물결을 타지 않았습니까? 세상 사람들이 모두 취했다면 어째서 그 지게미를 먹고, 그 모주를 마셔서 같이 취하지 않았습니까?"

굴원이 말했다. "새로이 머리를 감은 자는 반드시 관의 먼지를 털어서 쓰고, 새로이 목욕한 자는 반드시 의복의 먼지를 털어서 입는다. 사람으로서 어찌 깨끗한 몸에 더러운 때를 묻히겠는가?"

그러고는 시 한편〈회사의 부〉을 남기고 강물에 스스로 뛰어들어 죽는다. 그 가사 끝 부분에 이렇게 쓰여 있다.

그래도 상심하고 애달피 장탄식함은
세상이 흐려서 나를 알지 못해도
깨우칠 길이 바이없음이라
죽음을 피할 수 없음을 알기에
목숨을 아끼지 않노라
분명히 후세의 군자에게 고하노니
나 이제 죽어서 세상의 모범이 되리

너무 깨끗한 물에서는 고기가 살 수 없다는 말이 있지만, 고기도 고기 나름이다. 1급수에서 사는 고기도 있고, 2급수 3급수에서 사는 고기도 있다. 1급수에서 사는 고기가 잘 살 수는 있도록 사회(국가)전체를 정화하는 데 국민 모두가 다같이 참여해야 할 것이다.

공직자의 도덕성(公職者의 道德性) Ⅱ

　50년대 후반에서 60년대 초반, 나는 초등학교를 금강 상류 아주 한적한 면 소재지에서 졸업하고, 중학교는 옥천(沃川)읍내로 나와 맏형님 댁에서 다녔다. 고등학교도 형님 댁에서 대전(大田)으로 기차통학을 했으니 6년간은 형님 댁에서 기거를 한 셈이 된다.

　토요일에는 일찍 하학하여 시골 본가로 갔다. 금강이 흐르는 구절양장(九折羊腸) 같은 강변 모래밭 길을 따라 타박타박 걸어서 집에 도착하면 대개 해가 넘어가고, 해찰을 하거나 겨울철이면 밤이 이슥해서 도착하는 때도 있었다. 초등학교를 졸업하고 어린 나이에 형님 댁이라곤 하나 객지생활을 하니 막내였던 나에게는 어머니가 몹시도 그리웠다. 그래서 토요일을 손꼽아 기다리곤 했다.
　당시 형님은 경찰 공무원이었는데 참으로 어려운 생활을 했다. 중견 공무원이었지만 먹을 쌀이 떨어지는 경우가 한두 번이 아니었다. 쌀이 떨어지면 형님은 나에게 자루를 쥐어가지고는 따라오라고 했다. 그리고는 아는 가게로 가서 밀가루를 사 쥐어주면서 가지고 가라고 했다. 그것도 비상금을 톡톡 털어서…….
　월급이 제때에 나오지 않는 경우가 허다했으니 그 생활이 오죽 했겠는가. 나는 그때 생각했다. '아, 공무원은 절대 되지 말아야겠다.' 월급도 제때에 못타오고, 그것도 쥐꼬리만한 금액을 가지고 생활하는 처지가 어린 나이에 보기에도 여간 궁색스러워 보이는 것이 아니었다. 지금에 생각해보니 나의 형님도 참 주변머리 없는 양반인 것 같았다. 왜 그렇게 살아야 했는지……. 지금은 정년퇴직을 하셨지만 그래도 후회는 없으실 것이란 생각을 한다.

초(楚)나라 장왕은 현신(賢臣)인 손숙오의 덕(德)으로 천하를 얻었음에도 그 자손들을 미처 돌보지 않아 비참하게 살고 있었다. 이에 보다 못해 신하 중에 맹이란 자가 있어 그 사실을 장왕에게 아뢰었다.
"초의 관리란 될만한게 못됩니다." "손숙오와 같은 분은 초의 재상이 되어 충성을 다 하고 청렴결백하게 초를 다스려, 왕은 그 덕으로 천하의 패자가 되었습니다." "그런데 손숙오가 죽자 그의 아들은 손바닥만한 땅도 없이 빈곤하여 땔나무를 져다가 팔아서 입에 풀칠을 하고 있습니다." "결국 손숙오처럼 된다면 누가 청렴결백한 관리가 되겠습니까?" "차라리 죽는 편이 났습니다." 그러면서 아래와 같은 시가를 지어 상소했다.

 산골에 살며 논밭을 갈아
 애써도 입에 풀칠이 어렵구나!
 그렇다고 관리가 된다 해도
 탐욕한 자만이
 몸은 죽어도 처자가 살만하네!
 그래도 두려운 건 뇌물을 먹고 법을 어겨
 부정을 저질러 큰 죄를 범하면

패가망신(敗家亡身)하는 거라네
행여 탐관오리는 되지 말라
그러면 청렴한 관리가 되란 말이냐
법을 지키고 책임에 충실하여
죽도록 부정을 안 해도 된다 말이냐
행여 청렴한 관리도 되지 말라
초의 재상 손숙오는 죽도록 청렴했어도
이제는 처자가 허덕이며
땔나무를 져 날라 살아가누나.
아 아, 관리가 되어서 무엇 하랴.

　이에 장왕은 깜짝 놀라 즉시 사과하고, 손숙오의 아들을 불러 충분한 녹봉을 주어 후대에까지 잘 살도록 해주었다.

　공직자도 사회의 일원이고, 희로애락을 같이 하는 똑같은 인간일 수밖에 없다. 극단적인 정신주의 내지 유심주의(唯心主義) 사상만을 강요해서는 현실과 유리된 허망한 일일 것이다. 인간이란 본능적으로 달콤한 소릴 듣고 싶어 하고, 맛있는 음식을 먹고 싶어 하고, 미인을 갖고 싶고, 안락하게 살고 싶고, 또 권력에 끌리는 속성을 아무도 부인할 수는 없다. 다만 자제할 뿐이다. 그것을 부인한다면 위선이요, 가면일 뿐이다. 아니면 성인군자의 경지에 다다르거나 신의 경지에 이른 사람일 것이다.

　공직자에게도 국가의 재정이 허락하는 한 체면을 유지할 수 있는, 보편타당한 정도의 생활이 되게 해야 옳을 것이다. 그런 후에 강력한 사정을 한다면 더 좋을 것이다. 극단적인 물질주의도 물론 안 되지만, 극단적인 정신주의도 현실과 본능을 외면한 공허한 외침이다.

인간의 욕심 그 한계는?

　조물주가 우리 인간에게 입과 위(胃)라는 것을 만들어 준 것은 크나큰 실수라고 중국의 석학(碩學) 임어당(林語堂)박사는 말했다.
　이 입과 위(胃) 때문에 인간에게는 수많은 고충(苦衷)이 따라 다녔다. 배불리, 그리고 맛있는 음식을 구하기 위하여 인간들은 고되고 힘든 일을 피하지 못하고, 잠 못 드는 근심을 해야 하고, 남을 속이기도 하며, 싸움은 물론 심지어는 살인까지 서슴치 않는다. 친구 간에 의리도, 우정도 때로는 헌신짝처럼 버린다.

　어디 그 뿐이랴. 국가와 국가간의 전쟁도 그 궁극의 목적은 이 밑 빠진 독인, 위를 채우기 위한 수단일 뿐이라고 했다. 혁명, 평화, 애국심, 국제적 이해, 이 모든 것이 이와 연관이 된다.

　불쌍한 샐러리맨은 처자식의 입과 위를 위해 갖은 수모를 참아야 하고, 사업가는 수단과 방법을 가리지 않는다. 아무리 바쁘고 할 일이 많아도 이 밑 빠진 독을 채우기 위해 시간을 할애해야 하고, 어떤 종류의 음식으로 채울까 매일, 매 끼니마다 걱정을 한다.

사람을 떠나보내며, 또는 사람을 새로 맞으며, 환송식·환영식을 할 때도 꼭 이 위(胃)를 채우기 위한 회식을 해야 직성이 풀린다.

정치하는 사람들, 사업하는 사람들도 술과 음식으로 상대방의 위(胃)를 채워주며 즐겁게 해 줌으로써 그 뜻을 이루려 한다. 회갑을 맞거나 생일을 당해서도 진수성찬을 차려놓고 위(胃)를 즐겁게 하려고 애를 쓴다.

임어당(林語堂)의 말을 다시 빌리면「횡경막 아래 평화가 없을 때, 즉 위(胃)에 평화가 없을 때 "평화, 평화"하고 외쳐 본 댓자 무슨 소용이 있느냐? 이 사실은 개인과 마찬가지로 국가도 마찬가지다.
수많은 제국은 붕괴되고 아무리 강력한 정권도 공포 정치도 다 무너져 버렸다. 굶주리면 민중은 일하는 것을 거부하고, 군인은 전쟁을 거부하고, 여가수는 노래하는 것을 거부하고, 국회의원은 토론하는 것을 거부하고, 대통령까지도 통치를 거절한다.
집에서 맛있는 음식을 먹을 수 있다는 예산 없이는 온 세상의 가장(家長)들은 무엇 때문에 온종일 땀 흘리며 사무실에서 일할 것인가?」

그러나 이 밑빠진 독, 위(胃)를 채우는 일이 이렇듯 중요하고 어쩌면 살아가는 데 제일로 중요할지 모르지만, 여기에도 인간이기에 지켜야 할 최소한의 염치와 도리가 있다는 것을 우리 모두는 알아야 한다.
알고는 있지만 잘 지켜지지 않는 것도 사실이다. 적군의 포로들을 며칠간 굶긴 후에 갑자기 음식을 제공한 다음, 그 먹는 광경을 보고 장교를 색출해냈다는 일화도 있다. 모두다 허겁지겁 달려들어 그 음식을 먹기 위해 아수라장이 되어도, 최소한의 염치를 아는 사람을 잡아보면 틀림없이 장교란다.

　인간의 욕심, 궁극적으로 위(胃)를 채우겠다는 끊임없는 욕구, 재화(財貨)를 많이 갖고 싶어 하는 인간의 본능은 어쩔 수 없지만, 이것에 접근하는 방법이 부조리하면 천박하고, 더럽기까지 하다.
　인간은 하루하루 죽어가면서, 끊임없이 욕망을 추구해 가는 선하면서도 악한 동물인가 보다.

무고이득천금(無故而得千金)하면

평생 엿장수만 하던 사람이, 어느 날 거금의 복권에 당첨되어, 한강 다리를 건너던 중, "이제 고생은 끝나고 드디어 행복이 왔다."고 끌고 가던 엿목판을 한강 물속으로 냅다 던져 버렸다. 아차, 그런데, 그 당첨된 복권이 엿목판 밑에 있었던 것을 깜빡 잊어버리고 말았으니…….

어느날의 신문을 보니 로또복권에 당첨된 사람들이 그 복권으로 인해 소송에 휘말리고, 피신을 해야 하는 등, 이러저러한 이유로 대부분의 사람이 오히려 순탄치 못한 삶을 살고 있게 되었다는 뉴스가 있었다.

북송(北宋) 때 사람으로 7세에 책을 읽고, 10세 때에 문장을 썼다는 소동파(蘇東坡)의 글에 보면

무고이득천금(無故而得千金)
불유대복(不有大福)
필유대화(必有大禍)

(땀 흘리지 않고 이유 없이 많은 재물이 생기면 큰 복이
있을 수 없고, 그로 인해 큰 재앙이 올 수밖에 없다)고 했다.

대개의 경우 불로소득이 발생하게 되면 그것은 치부(致富)의 수단
이 되지 못하고, 흥청망청 헛되이 써버리고 말게 된다. 땀 흘려 모은
가치 있는 재물이 아니기 때문에 아깝지가 않다. 그렇게 쓰게 되므로
그것이 빌미가 되어 말썽이 생기게 마련이다.

노름을 해서 얻은 이익이 재산이 되지 못하고,
부조리한 돈을 받아서 부자가 되지 못하고,
끝이 좋지 못한 이유가 여기에 있다.

명심보감 〈화식편(貨殖篇)〉에 보면

순자왈(荀子曰)
朝無以幸位(조무이행위)
農無以幸穀(농무이행곡)
商無以幸財(상무이행재)
民無以幸生也(민무이행생야)

(순자가 말하기를 조정에는 요행으로 얻은 직위가 없어야
하고, 농부는 노력 없이 얻은 곡식이 없어야하고, 상인은
요행으로 재물을 모음이 없어야 하고, 백성은 요행으로
살아갈 수 있는 자가 없어야 한다)고 했다.

어진 사람은 재물을 의롭게 사용하여 자신을 일으키지만, 어질지 아니한 사람은 몸을 망치면서 재물을 쌓는다고 한다.

청빈의 한계

  90년대 초반, 은평구청 토지관리과에 근무하던 시절에 겪었던 일이다. 토지관리과 창설멤버이기도 한 나는 개별공시지가를 최초로 시행하던 원년에, 청내에서 우연히 S구청에서 같이 근무한 적이 있던 기술직 공무원 "K"를 만났다. 퇴직을 한 그는 모 건축회사의 간부로 있었다. 반가운 만남이니 언제 시간을 내어 식사라도 같이 하자고 지나가는 말로 약속을 해 왔다.
  그가 현직에 있을 때 나와 절친한 사이는 아니었다. 그저 인사정도 하는 사이였으므로 식사약속은 말 그대로 의례적인 약속일 뿐이었다.

  몇 주간이 흐른 뒤, - 그동안 청내에서 두서너 번 마주친 적은 있었지만 - 어느 날 막 중식시간이 시작될 무렵 "K"가 나의 사무실로 찾아 와서는 신문지에 싼 현금 1백만 원의 두툼한 돈뭉치를 내놓았다. 식사를 같이 하려고 했으나 시간이 여의치 않으니, 대신 받으라는 말과 함께……
  황당한 일이었다. 따라가며 돌려주려고 했으나 막무가내로 뿌리치며 도망치듯이 휑하니 가버렸다. 누가 볼세라 실랑이를 할 수도 없어 얼른 돈뭉치를 갈무리하여 서랍에 넣고, 두근거리는 가슴을 진정했다. 시간이 지나면서 그 돈을 어떻게 처리해야할지 고민이 되기 시작했다. 업무와 관계가 없으니, 한편으로는 돈에 대한 일말의 유혹이 전혀 없는 것도 아니었다. 그러나 꺼림칙한 마음 감당할 수가 없었다. 어떤 방법으로 상대방의 자존심을 상하지 않게 돌려줄까를 골똘히 생각한 끝에, 수소문하여 그의 주소를 알아냈고, 정중하고 간곡한 사의의 뜻을 적은 편지와 함께 우체국을 통하여 돌려보냈다. 아니나 다를까 득달같이 전화가 왔다. "사람을 무시해도 분수가 있지, 나를 어떻게 보고 그 돈을 돌려보냈느냐, 사람을 그런 식으로 무안하게 해도 되느냐"고 저녁내 들볶였고, 그 밤 내내 미안하다는 사죄(?)의 말을 해야 했다.

북송(北宋) 때의 문인이며 정치가였던 구양수(歐陽修)의 〈여산고(廬山高)〉라는 시가 생각났다.

그대의 뜻은 참으로 비범하여 지보(至寶)와도 같은데
세상에선 옥과 돌을 구별하지 못하여,
그대는 관리가 된 지 이십년이 넘었는데
흰 머리 되도록 푸른 옷 걸치고 벽촌에서
곤궁히 지내고 있네.
총애와 명예와 이익에도 구차스럽게 굽히지 않는
그대여,
푸른 구름과 흰 구름에 대한 깊은 취미가 없다면
자네의 뜻이 빼어남은 어디에서 내려온 것이겠는가?
자네와 같은 높은 절조 지키는 사람이 적으니,
아아, 그대 위해 붓을 들려 하나 어찌 그것을

쓸만한 큰 붓을 구할 수 있으리.

　대부분의 공무원들은 청렴하다. 성실하고 열심히 맡은 직무에 충실하다. 쌀에도 뉘가 있듯이 많은 공무원 중에는 가끔가다 그릇된 사람이 있는데, 마치 전부가 그렇듯이 매도하는 사람을 볼 때면 가슴이 답답하다.

　그러나 공무원이나 정치가, 사회지도층을 마치 하늘에서 떨어진 사람처럼 높은 도덕성을 갖기를 원하는 것도 바람직하지가 않다. 물론 그들이 보통 사람들보다 한 차원 높은 도덕성을 가져야 한다는데 이의를 달 사람 아무도 없다.

나의 이익이 상대방에게 해가 되는 고단한 세상

포유류는 자궁 내에 수억 마리의 정자를 사정하지만 그 중에서 100~150마리 정도가 수란관을 치켜 올라가 난자가 있는 곳까지 도달할 수 있고 그 중 단 1마리만이 난자를 뚫고 들어가 수정에 성공한다. 수정이 되면 수정란은 즉시 수정막을 쳐서 나머지는 수정란 둘레에서 애타게 서성이다가 결국은 모두 죽어버리고 만다. 이렇게 인간은 태어날 때부터 치열한 경쟁을 거쳐 혼자만 살아남는다. 그래서 적자생존(適者生存)이나 생존경쟁(生存競爭)의 운명을 어쩌면 태생부터 지니고 있는지도 모르겠다.

몽테뉴의 〈수상록(隨想錄)〉에 보면「장사는 사람들의 낭비가 있어야 하고, 농군은 곡식이 가능한 비싸야 하며, 건축가는 집이 무너져야 하고, 재판소 관리는 사람들이 소송질과 싸움질을 해야 하며, 성직자들의 영광과 직무까지도 우리들의 죽음과 악덕이 있어야만 된다. 의사는 사람들이 건강한 것도 좋아하지 않으며, 군인은 자기도시의 평화를 좋게 보지도 않는다.」고 그리스 희극작가의 말을 인용하여 쓰고 있다. 더 언짢은 일은, 우리들 각자가 자기 속을 뒤져보면 우리 내심의 소원은 대부분 다른 사람의 손해가 생겨남으로써 이루어지고 있다는 것이다.

장의사(葬儀社)는 사람들이 죽어야 이익이 생기고, 입학시험장 밖에서 내 아들의 합격을 간절히 기도하는 학부모는 결국은 다른 사람들 자식의 낙방을 원하고 있는 것이다. 나의 승진은 경쟁자의 탈락을 전제로 한다.

2002 월드컵 경기 때, 전국을 온통 열광의 도가니로 몰아넣었고, 삶의 전부가 마치 축구에서의 승리인 것처럼 들떴던 것도, 다른 나라 선수들의 고개 숙인 비참한 패배를 오매불망 원한 것이 아니었던가.

시인이며, 현직 헌법재판소 재판관이기도한 송인준이 쓴 수필집에 보면, 우리 사회의 생존경쟁의 어려움을 극명하게 나타내주는 말이 있다.
「사람들은 전투하듯 사회라는 경쟁 장소를 외롭게 치달아 나간다. 너도 살고, 나도 사는 상생(相生)의 삶이 아니다. 내가 살기 위해 너를 낙오시켜야 하는 투쟁의 삶으로 가열된다. 더 나아가 극단적으로는 너 죽고, 나 살자는 식의 적대적 의식이 세상에 팽배해져 가는 것이다. 사람들은 매일 아침, 이 스산한 세상, 도시의 숲으로 사냥을 떠난다. 고독한 사냥꾼이 되어 온종일 비린내나는 숲속을 헤집으며 바삐 돌아다닌다.」

인류의 역사상 가장 평화로웠던 시대가 중국의 요순(堯舜)시대였다고 한다. 요(堯)가 제위(帝位)에 오른 것이 기원전 2천3백90년, 요 임금은 단군보다도 57년 먼저 임금이 된 셈이 된다. 중국은 요 임금이 전에도 삼황(天皇氏, 地皇氏, 人皇氏)의 시대가 무려 3천년이나 계속되었다고 한다. 어찌되었든 그 시대는 인구는 얼마 안되고, 땅 또한 무한히 넓었으니 서로 경쟁하고, 싸움질 할 필요가 없었으리라. 그래서 그 무렵에는 온 나라의 백성들이 격양가(擊壤歌)를 높이 불렀다고 하니, 가히 이상향(理想鄕)의 표본이 아니었겠는가 싶다.

　　해뜨면 일하고
　　해지면 쉬고
　　우물파 물 마시고
　　밭갈아 내 먹으니
　　임금의 혜택이
　　내게 무엇이 있다더냐
　　〈격양가〉

우리 인간 세상에 고단한 삶 말고, 이렇게 아름답고, 행복한 삶의 길은 없을까? 적자생존이 대 자연의 어쩔 수 없는 법칙이고, 인간의 삶 자체가 경쟁의 범주 속을 헤어날 수 없다 할지라도, 페어플레이가 만개(滿開)하는 세상이 되었으면 참 좋겠다.

무엇을 남기고 갈 것인가

사람들은 짧은 생을 살다가면서 이 세상에 무엇인가 흔적을 남기고 싶어 한다. 하다못해 명승고적이나 경치 좋은 곳에라도 한 번 가보라. 반반한 바위나 건물 기둥에는 어김없이 사람의 이름이 새겨져 있는 것을 볼 수 있다. "아무개 몇 월 며칠에 이곳에 왔었다", "홍제동 아무개 이곳에 왔다가 가노라" 심지어 파리의 에펠탑 전망대 구석에도 "서울의 누가 이곳에 왔었노라"고 써 놓은 것을 보았다. 어디 그 뿐인가 세계에서 제일 높다는 엠파이어스테이트 빌딩 맨 꼭대기에도 한국인의 이름이 새겨져 있다고 들었다.

예로부터, 세상을 호령했던 권력의 자리에 있었던 사람, 부귀영화를 누렸던 사람들은 그 이름이 흔적도 없이 사라졌거나, 있다 해도 별로 향기를 내지 못하는 경우가 헤아릴 수 없이 많다. 그러나 어려운 환경 속에서도 학문이나 예술에 출중했던 인물들은 그 명성이 샛별처럼 빛나고 있다.

사마천은 궁형(宮刑)이라는, 남성의 상징을 제거당하는 무서운 형벌을 받은 불구의 몸임에도 역사가로서의 사명감에서 불후의 명작 〈사기(史記)〉를 남겼다. 서백(西伯:周의 文王)은 감옥에 갇혀서 〈주역〉을 저술했고, 공자는 진(陳)과 채(蔡) 사이에서 곤경을 겪으면서 〈춘추〉를 저작했으며, 굴원은 추방되어가면서 〈이소〉라는 명시를 썼다.

좌구명(左丘明:春秋시대의 賢人)은 실명 후에 〈국어〉를 저술했고, 손자(孫子)는 두 다리를 잘리고 〈병법〉을 서술했고, 여불위(呂不韋:秦의 재상)는 촉(蜀)으로 유배되어 〈여씨춘추(呂氏春秋)〉를 세상에 전했으며, 한비자(韓非子)는 진의 감옥에서 〈세난(說難)〉, 〈고분(孤憤)〉을 남겼다.

세잔느, 고흐는 평생을 가난하게 살았지만, 오늘날 그들의 그림 한 폭은 수백만 달러를 호가한다. 시인 밀턴은 말년에 눈이 보이지 않았고 베토벤은 후년에 귀가 들리지 않았지만, 밀턴의 〈실락원〉, 베토벤의 〈교향곡〉은 인류의 역사가 계속되는 한 지워지지 않을 것이다.

모차르트는 36세로 생을 마치는 동안 궁핍한 빚쟁이 생활로 일관했다. 그의 아내 콘스탄체는, 그가 돈을 벌어오지 못한다고 날로 구박을 했지만, 그는 수많은 이름 있는 교향곡을 남겼다.

6.25때 납북된 정지용의 〈향수〉, 젊은 시절 요절한 소월의 〈산유화〉, 이상의 〈날개〉, 모두가 그 이름을 못 잊게 한다.

인생은 가도 예술만은 길이 남는 것 같다.

저승에서라도 부디 속죄하길 …

　최근 미국에서 발생한 일련의 자살테러 사건으로 온 세상의 신문과 방송, 눈과 귀가 한곳으로 집중되고 있다. 거대한 국제무역센터 건물과 미국의 심장부인 펜타곤이 습격당해 한 순간에 7,000여명의 인명 손실이 났으니 얼마나 비참한 일인가?
　이 지구상에서 스스로 목숨을 끊는, 즉 자살행위를 하는 동물은 사람과 집단생활을 하는 벌뿐이라고 한다. 그나마 벌은 자기 종족을 지키기 위해서 무의식적으로 하는 행동이 죽음과 연결되지만, 스스로 죽음을 의식하며 죽음을 택하는 행위를 하는 것은 오로지 사람뿐이라고 한다.

　그들은 무엇 때문에, 무엇을 위해, 무고한 수많은 생명을 앗아갔고, 또 스스로도 죽어야 했는가?

　종교(宗敎)? 사상(思想)? 이념(理念)? 우리들 필부필부(匹夫匹婦)는 언뜻 이해할 수가 없는 노릇이다. 혹자는 회교권의 사람들이 저지른 일이니, 회교문화와 기독교문화, 혹은 이슬람교와 기독교의 충돌이 아니겠느냐고도 한다.

나는 종교에 대해서 잘은 모르지만 기독교의 근본 교리는 사랑(아가페)이고, 불교는 자비(慈悲), 이슬람교는 대가를 바라지 않고 주는 것이며, 마음은 관대하고 자애에 넘쳐 용서하는 것이라고 들었다. 물론 그런 것들이 교리의 전부는 아닐 것이다. 그런데 죄 없는 생명(生命)들을 죽게 한 것은 무엇 때문이며, 원수를 사랑하라 했고, 왼뺨을 맞으면 오른쪽도 내놓으라 했는데, 끊임없이 이어지는 피의 보복은 또 어떻게 설명이 되는가?

비행기 또는 건물 안에서 참혹하게 죽어가면서 핸드폰에 남긴 마지막 절규하는 저들의 애끊는 말들이 지상을 통해 발표되고 있어, 듣는 우리들의 가슴을 저미게 하고 있다.

"아마 나는 살수가 없을 것 같다. 건물에 연기가 차고 열기가 뜨거워 어쩔 수가 없어, 여보 사랑해, 당신을 다시 한번 봤으면 좋겠어, 여보 사랑해, 엄마 사랑해, 저기 있는 사람들이 폭탄을 가졌대, 여보 나 당신 사랑하는 거 알지? 아무래도 여기 탄 사람 모두 죽을 것 같아, 사랑해 여보, 도저히 숨을 쉴 수가 없어, 여보, 당신을 정말 사랑해, 당신은 남은 생애에 정말 행복해야 돼."

어머니란 말만 들어도 가슴이 뛰는 것은 어머니의 그 지고한 사랑 때문이다. 남편, 아내, 부자지간도 그렇다. 인간에게서 사랑을 빼면 남는 것이 별로 없다. 사랑에는 종교적, 절대적 사랑인 아가페적 사랑도 있고 자기 본위의 사랑인 에로스적 사랑도 있지만, 그 어느 사랑이건 사랑하는 사람을, 사랑의 마음을, 애타게 부르짖는 그들의 마지막 순간이 어떠했겠는가.

종교, 사상, 이념은 무엇 때문에, 무엇을 위해 있는 것인가? "모든 길은 로마로 통한다."고 했듯이, 위의 그 모든 것은 궁극적으로 인간, 즉 우리 사람을 위해서 존재하는 것이 아닐까? 그것이 오로지 자기나 자기가 속한 단체, 국가만을 위한 것이라면 그것은 차라리 존재하지 않는 것만 못할 것이다.

아무리 극악무도한 사형수라도 죽는 마지막 순간에는 속죄하고, 뉘우친다는데, 그들 테러범도 사람이기를 원한다면 늦었지만 저승에서라도 부디 속죄하고 뉘우치기를 바란다.

멋진 회고록(回顧錄)을 쓰려면

「최후 심판의 나팔이 어느 때 울려도 좋다. 나는 이 책을 손에 들고 지극히 높으신 심판자 앞에 나아가 큰소리로 외치련다. 이것이 내가 한 일입니다. 생각한 일입니다. 지나온 나의 모습입니다. 착한 것도 악한 것도 똑같이 솔직히 말했습니다. 나쁜 것이라 해서 무엇 하나 감추지 않았고, 좋은 것이라 해서 무엇 하나 보태지 않았습니다. 참인줄 알고 참이라 한 일은 있어도 거짓인 줄 알면서도 참이라 한 일은 절대로 없습니다.」

　루소가 고백론을 쓰면서 첫 머리에 쓴 글이다.
　장엄하게 느껴지기까지 한 솔직한 표현의 별미다.

　옛부터 근자에 이르기까지, 많은 사람들이 회고록을 써왔다. 자기가 살아온 사상과 행동을 기록으로 남김으로써, 살아온 삶을 반성하고, 그 잘잘못을 많은 사람들에게 교훈으로 삼도록 하는 계기가 되기도 한다.

　회고록이라 하기도 하고, 또는 고백록(告白錄), 참회록(懺悔錄), 수상록(隨想錄), 자서전(自敍傳)이라 하기도 하는데 그 뜻과 뉘앙스가 조금씩 다르다.

어찌 됐든 회고록은 자기 자신이 걸어온 자취를 숨김없이 적나라하게 반추해야 진정한 회고록이 될 것이다.

거울 앞에 발가벗고 서야 한다는 것이다. 거기에 거짓이나 변명, 꾸밈이 있다면 이미 그것은 회고록으로서의 의미가 퇴색될 것이다.

진정한 회고록을 쓰려면 용기가 필요하다. 선과 악, 숨기고 싶은 것들, 이 세상 모든 사람들은 다 속일 수 있더라도 자기 자신과 신만은 속일 수 없기 때문에 모든 것을 고백하고, 회고하고, 참회한다.

세상 사람들이 자기를 어떻게 생각하든, 벌을 주든, 비난을 하든, 조금도 개의치 않고, 그 모든 죄과를 달게 받을 각오를 하고 낱낱이 털어 놓아야 할 것이다.

그러면 회고록이나, 고백록은 누구를 위해서 쓰는 것일까?

신(神)에게? 아니면 자기 자신에게? 또는 이 세상 모든 사람들을 대상으로 하는가? 신에게 하는 것이라면 굳이 글로 쓸 필요가 없을 것이다. 왜냐하면 신은 글로 쓰지 않아도 이미 다 알고 있을 터이니 말이다.

그것은 자기 자신의 과거를 돌아보고, 삶을 결산하고, 나아가 모든 사람들을 위해서일 것이다.

자기변명이나, 자기도취나, 자기선전을 위해서가 아니라 자기를 객관화하여 여러 사람 앞에 내던져 놓는 것이다.

그것을 보고 자기 삶을 참회하고, 반성하는 사람도 있겠고, 비웃는 사람도 있을 것이다. 그 모든 것을 감수해야 할 것이다.

루소의 고백록처럼 멋진 회고록을 쓰려면 대상이 되는 자기의 삶이 감동적이어야 하므로, 일생을 성실, 정직 또는 극적으로 살아야 할 것이다.

지훈아! 한 번뿐인 人生 이렇게 살아다오.
- 천도(天道)는 있는가?-

정직하고 성실한 사람이 존경받고 잘사는 사회가 되어야 한다는 것은 당연하고도 필연이라는 것은 삼척동자도 인지하는 바다. 또 학교에서나 사회에서도 기회만 있으면 그렇게 가르치고 있다.

그런데 현실은 어떠한가? 과연 정직하고 성실한 사람이 잘살고 있는가? 천도(天道)는 있는가? 광화문 네거리에서 지나가는 사람들을 붙들고 물어 본다면 몇 명이나 그렇다고 대답을 할까? 슬프게도 그렇지 않다고 답하는 사람이 많을 것이다. 내 판단이 틀렸으면 좋겠지만 말이다.

역사가 있은 이래로 많은 양식있는 사람들이 정직하고 선하게 그리고 양심적으로 살아왔지만 그 대부분의 사람들이 그가 행동한 만큼 역사는 그들을 평가해 주지 않았고, 나아가 비참하게 삶을 영위한 사람이 많았다. 거창하게 역사를 들먹일 필요도 없이 우리 주위를 한번 살펴보자.
정직하고, 성실하고, 양심적인 사람이 존경을 받고 잘살고 있는가? 그렇게 살아가는 사람은 어딘가 바보스럽고 좀 덜 떨어진 사람 취급을 받는 게 작금의 솔직한 현실이다.

정직하고 참되게 살아가기가 힘들고 또 그렇게 살아가는 사람이 거기에 합당한 대우를 못 받고 오히려 손해를 본다면 어떻게 살아가야 할지 참으로 가치관의 정립에 혼돈이 오지 않을 수 없다.

중국의 유명한 역사가 사마천이 〈사기열전〉을 쓰게 된 이유를 백이(伯夷)열전 등에서 이렇게 기술하고 있다. 「천도(天道)는 공평무사하여 언제나 착한 사람의 편을 든다는데, 성인이며 선인이며 순수한 정의파인 백이 숙제가 어째서 산중에서 굶어죽어야만 했단 말인가. 70인의 제자들 중에서 공자가 가장 성실하고 호학심(好學心) 있다고 믿었던 안연(顔淵)은 너무 가난해서 지게미나 쌀겨조차 배불리 먹지 못하다가 영양실조로 요절해 버렸으니, 이래도 천도는 착한 사람의 편을 든다고 말할 수 있을까?

이와는 반대로 도척(盜跖)이라는 악당은 날마다 죄 없는 사람을 죽이고, 남을 속여 재물을 빼앗는 것을 일삼았으나 제 명껏 잘 살다가 죽었다. 이건 또 어떻게 설명해야 할 것인지, 이에 사마천은 강한 의문을 제기했다.

근세에 이르러서도 소행이 도를 벗어나 갖은 권모술수를 다 하고도 출세하고, 갑부가 되어 종신토록 일락(逸樂)하여 부귀가 자손 대대로 끊이지 않기도 한다. 이와는 달리 정당한 땅을 골라서 딛고, 정당한 발언을 할 때만 말을 하며, 항상 바른 길만 걸으며, 공명정대한 이유가 없으면 행동치 않고, 시종 정직하게 행동하면서도 오히려 손해를 보고, 재화를 당하는 일이 헤아릴 수 없이 많다. 그래서 그는 의심하지 않을 수 없었다. 천도(天道)라는 것이 과연 있는가? 없는가?」

인간의 역사란 반드시 정의의 인사가 번영하고 불의의 인간이 멸망하는 것도 아니며, 사실은 이와는 정 반대의 현상을 얼마든지 볼 수 있다. 도리라는 것과 역사현상은 모순된다. 사마천은 번민하지 않을 수 없었다. 역사를 서술해야 하는 그로서는 선인이 잘 못되고 악인이 번영한다는 엄연한 사실을 어떻게 보아야 할지 앞이 캄캄해졌다.

이 모순에 차있는 세상에서 역사가로서 할 일이 무엇인가? 그래서 그는 현세에서 보상받지 못한 숱한 현인들을 위하여 사명감에서 사기열전을 썼던 것이다.

그렇다면 사마천과 같은 역사가를 믿고 우리 모든 평범한 사람들도 과연 그 같은 삶을 살아야 하는가? 그것을 바라는 것은 위선일 것이다. 그러면 어떻게 해야 하나? 생각을 어떻게 하고, 살아가는 가치관을 어떻게 정립할 것인가는 오로지 각자의 심중에 달려있다. 누가 무어라 한들, 역사가가 있어 평가해 주든, 평가해 주지 않든 또는 사회가 평해주든, 불행히도 평해주지 않든 오로지 삶의 가치가 무엇인가를 알고, 그것이 정직과 성실이라면 그 가치를 위해서 따라야 할 것이다.

생전에 정직과 성실을 외면한 채 적당히 삶으로써, 그래서 잘살아온 사람이 생을 마지막 정리하는 인생의 황혼기에서 살아온 날들을 회고하고 결산할 때, 그와 같이 살아온 데 대하여, 온 세상은 다 속일지라도 자기 자신만은 속일 수 없는 그 공허함을 어떻게 메울 수 있겠는가. 그때는 천만금을 준다 해도, 누려온 호사스러움을 몇 배로 더 누리게 해준다 해도, 세상을 적당히 살아온 데 대한 공허감을 변제할 수는 없을 것이다.

아이보다 못한 어른들

"엄마, 찍어!"
"어서 찍으라니까, 왜 안 찍어?"
"운전수 아저씨가 찍으라고 했단 말이야."

그러나 엄마는 아들의 성화를 일부러 못 들은 척 뒷좌석에 앉은 자기 친구와 계속 잡담만 하고 있었다. 이에 질세라 대여섯 살쯤 되어 보이는 아이는 엄마가 교통카드를 찍지 않는 것을 이상히 여겨 엄마의 옷깃을 잡아당기며 채근을 하고 있다.

"엄마는 왜 안 찍는 거야?"
"엄마가 도둑이야?"

이때다, 엄마의 화난 손이 드디어 아들의 뺨을 향해 사정없이 날아갔다. 어린것은 소리 한번 내지 못하고 닭똥 같은 눈물을 줄줄 흘리면서 체읍(涕泣)하며 엄마 치마폭에 고개를 파묻고 말았다.

"조그만 게 엄마한테 왜 대거리를 해!"
엄마의 앙칼진 핀잔이 뒤이어 튀어나왔다.

며칠 전 버스를 타고 귀가하던 길에, 버스 안에서 일어났던 광경이었다. 그 엄마와 엄마의 친구를 보니 귀고리를 멋지게 했고 입성 또한 값나가는 것을 걸치고 있어, 그가 부유하게 살고 있음을 누구라도 쉽게 알 수 있었다. 그 엄마가 아들에게 후려친 손의 세기가 너무 놀라워, 순간 아연해질 수밖에 없었다.

어쩌면 저럴 수 있을까? 정말 자기 아들이 맞기는 한가?
저 아이가 세상을 어떻게 보면서 자랄 것인가. 무엇이 정의이고 옳은 것인가를 어떻게 배우며 성인이 되어갈 것인가. 참담한 생각이 들었다. 그 아이가 너무 어려서 버스카드를 찍지 않아도 되는지는 모르겠으나, 그렇다 하더라도, 그럴 수는 없는 행동 아닌가.

지방도시 C시에서 일어났던 매스컴에도 발표되었던 실제 있었던 일이 있다. 모 회사에 근무하는 중견사원 K씨는 C시에서 초등학교 교감선생으로 근무하고 있는 자기 형님이 갑자기 교통사고로 사망했다는 소식을 접하고 황급히 사고 현장으로 달려갔다.
현장으로 가면서 그는 많은 의문점을 지울 수가 없었다. 그의 형은 평소 성격이 차분하고 매사에 지나칠 정도로 꼼꼼하며 사려가 깊은 분인데 어떻게 형의 과실로 사고가 났는지 수긍하기가 어려웠다.
현장에 도착하여 도로의 사정, 사고 정황, 형의 승용차와 노선버스의 운행행태 등을 종합해 보았지만, 전문가가 아니더라도 승용차 잘못이 아님을 직감적으로 알 수가 있었다.
그런데 이상한 일은, 사고 당시 현장을 목격한 이가 거의 없었음에도 마을 사람들 대부분이 노선버스 편을 들었다. 버스에 승차했던 사람들도 진실을 말하려 하지 않았다. 소송에 임했으나 보기 좋게 1심에서 패하고 말았다.

주위에선, 그때까지 그 노선버스회사를 상대로 소송을 하여 승소한 일이 없으니 일찌감치 포기하는 것이 현명할 것이라고 충고도 했다. 그러나 그는 형의 억울한 죽음을 파헤쳐 망자의 혼을 달래야겠다는 굳은 의지로 계속 소송에 임했다.

주위 사람들에게 하소연도 했다. "당신들 부모 형제가 이 같은 사고를 당했다고 생각해 보시오! 왜 진실을 말하지 않습니까?" 그러나 소용없는 일이었다. 다행히도 그 옆 동리에 사는 모 중학교 1학년 학생 하나가 아버지 심부름을 가다가 우연히 사고현장을 정확히 목격했음을 알아냈고, 그를 어렵게 증인으로 세우게 되었다.

여러 날을 낯선 환경과 위협적인 심문에서 그 학생은 끝까지 굽히지 않고 자기가 본 사실을 정확히 반복 진술함으로써 몇 년에 걸친 소송에서 결국은 승소를 했다.

그 중학생 아버지의 말이 가슴에 와 닿는다. "만약, 내 자식 놈의 진술이 받아들여지지 않고, 그 소송에서 K씨가 패했더라면, 사실을 사실대로 말을 해도 그것을 진실로 받아들이지 않는 세태에 대하여 어린 가슴에 받는 상처를 어찌할 것이며, 그가 커가면서 세상을 어떻게 보며 살아 갈 것인가가 가장 큰 문제였다."

어른이라 해서 아이들보다 나으란 법 없고, 아이라 해서 어른들보다 못하란 법 없다. 때로는 어른보다는 어린이가 정직하고, 순결하고, 꾸밈이 없는 경우가 많다.

오늘 사랑한 사람 내일도 사랑했으면

남과 여, 그 끝없는 애증(愛憎)
- 이혼가정이 증가하는 것을 보고 -

　인간(人間)이 만들어진 창세기 이래 남(男)과 여(女)의 사랑과 미움, 그 갈등의 역사는 끝이 없는 것 같다. 아마도 지구의 종말이 올 때까지 그것은 영원할 것이다.
　인간은 동물 중에서 가장 성애(性愛)가 강한 동물이라고 한다. 그에 못지않게 서로가 할퀴고 증오하는 방법도 지능이 있기 때문에 다른 동물에 비하여 더 교묘하고 악(惡)한 것 같다.

　역사가 있은 이래로 많은 성현(聖賢)들이 그들의 관계를 나름대로 정의하고 갈파(喝破)했지만, 남(男)과 여(女)의 그 숙명(宿命)적인 애증(愛憎)의 관계를 어찌할 수는 없었던 것 같다.

　인도교의 창조설에 의하면 「하나님은 여자를 만들 때 꽃의 아름다움, 새의 노래, 무지개의 빛, 미풍의 스침, 물결의 웃음, 양의 온순, 여우의 교활, 구름의 움직임, 소낙비의 변덕 같은 것들을 추려 가지고 그것을 여성의 몸에다 넣어서 아내로서 남자에게 제공하였다.
　아내를 얻은 아담은 행복했다. 두 사람은 아름다운 지상을 뛰놀며 돌아다녔다. 그렇지만 수일 후 아담이 하나님께로 와서 "이 여자를 어디로 보내 주십시오. 도저히 함께 살수가 없습니다."고 말하였다. 하나님은 그 말을 듣고 하와를 떼어 버렸다. 그런 즉 아담은 쓸쓸하고 불행하였다. 수 일 후 아담은 또다시 하나님께로 가서 "그 여자를 돌려보내 주십시오. 그 여자 없이는 살 수가 없습니다."라고 말하였다.

　하나님은 또 그 말을 듣고 하와를 돌려보내 주었다. 수일 후 아담은 또 하나님 앞에 나타나서 "원하옵건대 당신께서 만드신 하와를 데려가 주십시오, 맹세합니다. 그 여자와는 도저히 함께 살 수가 없습니다."라고 원하였다. 하나님은 무한한 예지로서 그 소원을 들어주었다. 마침내 아담은 네 번째로 와서 여자와의 짝이 없이는 살 수가 없다고 호소를 했을 때, 하나님은 아담을 향해서 다시는 마음이 변하지 말 것, 좋거나 싫거나 그 여자와 운명을 같이 할 것, 또 될 수 있는 한 방법을 강구해서 이 지상에서 같이 살 것을 약속시켰다."

　오스카 와일드(Oscar.Wilde)도 "남자는 여자와 살수 없다. 그렇다고 해서 여자가 없어도 살 수 없다."라고 했다.

　남녀관계, 부부관계란 언제나 꽃피고, 열락의 새가 우는 아름답고, 편안한 것만이 아니다. 때로는 천둥이 치고 파도가 밀려오듯, 고달프고 험난하여 그 관계가 만만치가 않다. 그렇지만 그것을 회피하고, 떠나서도 살 수가 없다. 인생은 어차피 그렇게 운명지어진 존재일 수밖에 없기 때문이다. 어쩌면 이 필요악 같은 관계를 슬기롭고 아름답게 승화시키는 것이 인류의 영원한 숙제일 것이다.

　최근 내가 근무하고 있는 부서에 접수되고 있는 이혼 판결문을 보면 그 내용이 다양하고 기구한 것이 많다. 더욱 놀라운 것은 이혼율이 혼인율의 35%을 상회하고 있다는 사실이다.

가정은 자연 발생적인 제1차적 혈연 집단이다. 인위적으로 만들어지고 필요할 때 해체되는 조합이나 회사, 친목단체와는 다르다.

부부간의 사랑이 어쩌다 좀 식었다 해서, 마음에 들지 않는다 해서 무책임하게 가정을 깰 수야 없지 않은가? 그러나 나날이 늘어만 가는 가정 해체의 현실, 그래서 서로를 증오하고, 혼자 남게 되는 소년 소녀 가장들, 어쩌면 좋단 말인가…….

옛날 원(元)나라 시대의 화가 조맹부의 아내이며, 여류화가로서 궁정에서 그림 그리는 것은 가르치고 있던 관여사(管女史)가 지은 시(詩)에 관한 이야기가 있다.

남편인 조맹부는 중년에 이르러 아내에 대한 애정이 식어지자 첩을 얻으려고 생각했다. 이에 관여사는 다음과 같은 시를 지어 남편에게 보였다. 남편이 그것을 보고, 감동하여 마음을 바로잡았다고 한다.

다같이 슬픈 것은
불타는 감정이 있음이런가,
한줌의 흙
그대는 움켜 만들지 않으려나
그대와 나
그것을 부수고 그것을 깨뜨려
또 축이고 또 이겨서
만들지 않으려나.
그대와 나
내 흙 속에 그대가 있고

그대 흙 속에 내가 있으면,
끊을 수 없으리 그대와 나 사이를…….
한자리에 누워
같은 무덤으로 가려는 것을…….

아내는 물이고, 남편은 흙이다. 마른 흙을 물로 이겨 형상을 만들고 잘못하여 그 형상이 깨지면 다시 흙 속으로 물을 부어 서로 잘 달라붙게 응집력을 키워, 바라는 모양을 만들어간다면 얼마나 좋을까?

그러나, 그래도 도저히 일생을 같이 할 수 없는 경우도 있다. 애초부터 잘못 만난 운명은, 새로운 운명을 개척해 나가는 것이 빠르면 빠를수록 서로를 위해서 유익할 것이다.

오늘 사랑한 사람, 내일도 사랑했으면

"연애의 비극은 죽음이나 이별이 아니다. 두 사람 중 한 사람이 이미 상대방을 사랑하지 않게 된 날이 왔을 때이다."라고 영국의 극작가 모옴은 말했다.

처음 연애를 시작하는 사랑하는 남녀는 어느 편에서나 똑같이, 자기들의 사랑이 영원 할 것이라고 기대한다. 나아가 자기들의 사랑에서만은 결코 종말이 오지 않을 것이라고 굳게 믿는다. 그러나 둘 사이에는 권태로운 시간이 찾아오고, 급기야는 헤어져야만 하는 이별의 순간이 다가오기도 한다.

아무리 깊은 사랑도 결코 이 시간을 극복하기는 어려운 모양이다. 그렇게 죽고 못 사는 둘 사이가, 어느 순간부터 만나지 않아도 아무렇지도 않은 관계로 식어져 버리는 비극의 종말이 오기도 한다.

인간의 극진한 연애감정, 즉 사랑의 감정은 사람에 따라 차이는 있겠지만 대개 3,4년 정도 지속된다는 것이 생리학적으로 확인되었다. 결혼을 해서 꿈같은 신혼생활도 끝없이 이어지지 못하고, 이내 권태기가 찾아오고, 급기야는 소, 닭 쳐다보는 관계로까지 진전되기도 하니, 사랑의 신(神)이야 말로 참으로 무심하고 야속하기만 하다.

사랑하는 남녀가 연애를 하고, 또 결혼을 해서 죽음으로써 두 사람이 헤어질 때까지, 시종일관 처음 같은 애정으로 살아 갈 수만 있다면 그보다 더 바람직한 일이 어디 있겠는가.

나는 고등학교 다니던 꿈 많고 천진하던 시절, 옆에 있는 친구와 이성과의 사랑에 대한 아련한 꿈을 토의한 적이 가끔 있었다. "나는 사랑을 하더라도 세상 사람들이 하고 있는 그런 시시한 사랑은 절대 하지 않겠다. 일시적이 아닌, 내 생명이라도 바칠 수 있는 지고지순(至高至純)한 그런 사랑을 하겠다. 눈보라 휘몰아치는 동토의 시베리아로 유형의 길을 떠나가는 카츄사를 뒤따라가며 갖은 고난을 마다 않고 뒤를 보살펴 주던 네프류도프백작의 애틋한 사랑, 그런 사랑을 해 보겠노라."고…

그러나 어찌 뜻할 수 있으랴. 그와 같은 불같은 사랑의 마음도 시간이 가고, 세월이 흐르면서 엷어지고 무디어져 가는 것이 인지상정인 것을 …

세상의 부부란, 세월이 가면서 때로는 사랑보다는 믿음과 정, 그리고 가끔은 의무감 같은 것으로 살아가야 하는가 보다. 어차피 조물주가 인간을 점지하기를 그렇게 한 것 같다. 우리의 사랑이 시작부터 끝나는 날까지 영원하게 지속될 수 있게 하는 사랑의 묘약이라도 있다면 인간의 불행도 지금보다는 많이 줄어들 것이라고 부질없는 생각도 해 본다.

근자에 와서 각종 매스컴에 심심찮게 대두되는 남녀간의 애정문제나 부부간의 파탄을 보고 있노라면 인간의 감춰진 본성을 보는 것 같아 안타깝기도 하다.

"오늘 사랑한 사람을 내일도 사랑하리라고는 아무도 단언할 수 없다."고 한 루소의 말이 씁쓸하기만 하다.

신.언.서.판(身.言.書.判)

옛부터 사람을 평가하는 기준으로 "신.언.서.판"이란 말을 사용했다. 사람의 됨됨이를 판단함에 제일로 외적인 용모를 중시했고, 다음으로는 언변이 어느 정도인지를 보았으며, 그 다음으로는 글씨, 마지막으로 판단력을 꼽았다. 1,200여 년 전 중국의 당나라 때도 인재(人材)를 등용함에 있어, 과거 시험에 급제를 한 다음에 별도의 선발 척도로 "신.언.서.판"을 보았다고 한다. 아마도 지금의 면접시험에 해당되었음직 하다. 고금(古今)을 막론하고 외모(外貌)를 매우 중요한 것으로 생각했다.

용모(容貌)가 준수하고, 아름다운 것은 분명 축복받을 만한 일이고 아름다움을 논의하는 것 자체가 가치 있는 일이며 즐거운 것이다. 길을 가다가도 용모가 빼어나고 아름다운 사람을 보면, 한 번 더 쳐다보게 되고, 기분이 싫지가 않다. 그러나 그 용모가 단순한 외적(外的)인 것에만 그친다면 그것이 무슨 가치가 있을까?

외모만 아름다운 사람과 함께 지내면 언젠가는 싫증이 나게 되지만 내면(內面)의 아름다움을 겸비한 사람은 두고두고 향기가 솟아나고, 감칠맛이 난다. 부부(夫婦)도 마찬가지다. 외면만의 미(美)는 일시적일 뿐이다. 살면서 정이 가는 것은, 내적인 인간미와 정서 때문이다.

　미인박명(美人薄命)이란 말이 있다. 동서양을 막론하고 빼어난 미인들의 일생이, 그리고 그들로 인한 주변이 그리 순탄치만은 않은 것 같다. 그래서 경국지색(傾國之色), 경국지미(傾國之美)란 말도 있다. 나라를 위태롭게 하는 아름다운 사람이란 말이다.

　한(漢) 무제(武帝) 때 이연년(李延年)이 무제에게 자기 누이를 추천하며, 「북방에 아름다운 사람 있는데, 세상에 다시없이 빼어났네. 한 번 돌아보니 성(城)이 기울고, 두 번 돌아보니 나라(國)가 기우네」라고 한 데서 유래 되었다.

　이집트의 클레오파트라는 뭇 남성들의 선망의 대상이었다. 로마의 카이사르와 안토니우스는 그녀의 육체적인 아름다운 매력에 헤어날 수가 없었지만, 그녀의 말로는 기구했다.

　당나라 현종(玄宗)은 자기의 열여덟 번째 아들인 수왕(壽王)의 비(妃)인 옥환(玉環)의 미모에 혹(惑)하여 며느리를 자기의 아내(楊貴妃)로 삼았으나 안록산(安祿山)의 난으로 양귀비는 자결하고 말았다. 초패왕 항우(項羽)의 애인 우미인(虞美人)도 비참하게 최후를 맞이하고 말았다. 조선조 숙종이 총애했던 장희빈은 또 어떠했는가? 물론 위에 열거한 여인들이 훌륭한 외모에 비하여 내적인 아름다움과 성실함이 겸비되었는지 않았는지는 잘 모르겠으나, 어쨌든 외적인 아름다움만큼 그것이 따르지는 못했던 것으로 여겨진다. 그로 인해 그들의 운명 또한 기구할 수밖에 없었다.

고진감래(苦盡甘來)

근자에 오면서 젊은이들이 매사에 참을성이 없고, 작은 어려움도 겪으려고 하지 않는 경향이 많다. 모든 생활이 기계화되고, 핵가족화 되어 가면서 과보호의 영향이 아닌가도 싶다. 젊어서의 고생은 사서라도 하라는 속담도 있는데, 어찌된 일인지 요사이 부모들은 자식이 고생 좀 하는 것을 보지 못한다.

인생을 살아가면서 아무런 고통이나 질곡 없이 순탄하게만 삶을 끝내는 사람과, 똑같은 기간의 삶을 살면서 많은 희로애락을 겪은 사람 중 누가 더 가치 있는 삶을 살았다고 말할 수 있는가? 가치관(價値觀)의 차이는 있겠으나 후자라고 나는 자신있게 말하겠다.

예를 들어, 운(運)이 좋아 부모로부터 많은 재산을 물려받은 사람이 있다고 하자. 그는 아무 노력 없이 단번에 좋은 집에, 좋은 차에, 값비싼 가구, 맛있는 위스키로 풍성한 일생을 더 바랄 것 아무 것도 없이 살 수 있을 것이다. 그에게는 아무리 좋은 것을 더 안겨 준다 해도 시시하게 느껴지고, 기쁘지도 않다. 행복을 느낄 수도 없다. 이미 다 차

버렸으니 무엇을 느낄 수 있겠는가?

그러나 단칸 사글세방부터 시작하여, 땀 흘려 사글세를 전세로 돌리고, 더 열심히 노력하여 전세를 넓히고, 작지만 내 집을 마련한 다음 저축을 열심히 하여 조금씩 집을 늘려나간 사람은 매 순간순간마다 짜릿한 행복과 희열을 맛볼 수 있을 것이다.

14인치 흑백TV를 17인치로 바꾸고, 어느 날 고대하던 칼라TV를 들여 놓으면, 온 가족이 밤잠을 설칠 것이다. 하잘 것 없는 가구와 냉장고를 볼품 있는 것으로 늘려가면서 그는 그 때마다 더할 수 없는 행복감을 만끽할 수 있을 것이다. 누가 더 사는가시피 살았다고 할 수 있을까? 답은 자명하다.

헬만 헷세의 작품 중 〈봄의 폭풍〉에 보면 다음과 같은 글이 있다.
「인생이란 깊고 슬픈 밤 같은 것으로서 가끔 번갯불이 눈부시게 번쩍이지 않는다면 도저히 견뎌낼 수 없을 것이다. 일시에 번쩍이는 번갯불의 밝은 빛은 그 수초 동안에 몇 년간의 어둠을 씻어 버림으로써 그 보상을 받을 수 있을 만큼 위안과 기쁨을 가져다준다.」

그렇다. 우리가 살면서 쓰디쓴 고통과 고뇌를 인내(忍耐)하는 것도 그 끝에는 달콤한 열매가 있기 때문이다.

나는 대학(大學)을 다니면서, 편하게 공부만 할 수는 없었다. 학교에 입학을 하고 난 다음 서울에 와서 하숙할 형편이 되지 못했다. 전(全)씨 종친회가 운영하는 이문동의 학교 옆 숭인재(崇仁齋)라는 큰 재실이 있었다. 그곳에는 큰 재실 말고도 살림을 할 수 있는 가옥이 서너 채가 더 있었는데 나는 운 좋게 문간방 하나를 얻어 들어갈 수 있었다. 등록금에다 책값, 잡비 등 시골 부모님에게만 의지할 수가 없어 아르바이트를 하면서 자취(自炊)를 했다.

생전 처음 해보는 자취생활이 참으로 어려웠다. 학교에서 돌아오면 곧바로 아이들을 가르치러 가야 했고, 끝나면 저녁 늦게 시장에 들러 간단한 저녁거리를 샀다.

부엌이 별도로 없었고, 온돌을 데우는 연탄 화덕을 꺼내서 그 곳에다 밥과 국을 끓여야 했다. 사방이 다 보이는 곳에서 밥을 하자니, 때로는 부끄럽고 창피한 생각도 들었다.

설된밥 물더부어 연탄불에 올려놓고
안집의 아가씨가 행여볼까 마음쓰여
끓는밥 솥뚜껑 위를 문틈으로 보는가.

자취생활의 애환을 시조로 지어 당시 중앙일보 시조란에 기고를 했다. 덕분에 많은 여학생들로부터 편지를 받기도 했다.

학교 문제로 군(軍)에 자원입대를 했다. 아직 큰 고생을 해보지 못했으니, DMZ 같은 곳으로 떨어져 남자로 태어나 죽기 직전의 고통을 감내해 보자고 했으나, 여의치 않아 후방인 양평에서 군 생활을 했다.

"여보 사또 들으시오. 일부함원 오월비상(一婦含怨五月飛霜) 어찌 그리 모르시오. 차라리 죽여주오." 여자가 한번 한을 품으면 5월에도 서리가 내린다고 춘향이는 사또에게 엄포를 놓는다.

춘향이가 그 많은 고초를 겪지 않았다면 이몽룡을 어찌 해후(邂逅)할 수 있었겠는가?

누구를 만나느냐, 그것은 인생의 갈림길

중국 촉(蜀)나라의 왕자연(王子淵)이 쓴 〈성주득현신송(聖主得賢臣頌)〉에 보면,

「탕왕(湯王)을 만고(萬古)의 성왕으로 빛낸 은(殷)나라의 명신(名臣) 이윤(伊尹)이 탕왕을 만나기 전까지는 폭군 걸(桀)의 입맛이나 맞추는 요리사로서 솥 사이를 오가며 도마질하기에 바빴고, 주(周)나라 문왕(文王)의 어진 재상이었던 태공망(太公望)이 문왕을 만나기 전까지는 한낱 백정(白丁)으로 소 잡는 일에 곤고(困苦)했으며, 진(秦)나라 목공(穆公)을 춘추오패(春秋五霸)의 한 사람으로 만든 백리해(百里奚)가 목공에 등용되기 전에는 자신을 양가죽 다섯장과 바꿀 만큼 비참한 경우를 당했고, 제(齊)나라 환공(桓公)에게 대부(大夫)로 기용되었던 영척이 환공을 만나기 전에는 밤늦게까지 소를 먹이던 촌부(村夫)에 지나지 않았다.」

무릇 인간은 세상에 태어나 누구를 만나느냐에 따라 인생의 행로가 하늘과 땅 차이로 변하는 경우가 종종 있다. 세상을 뒤엎을 만한 자질과 능력을 가지고 있음에도 그것을 알아주는 사람이 없어 한갓 보잘 것 없는 필부로 세상을 끝내는 경우가 있는가 하면, 반대로 신통치 못

한 인물이지만 별것 아닌 어떤 인연으로 해서 또는 지연, 학연 등을 이유로 아는 사람을 만나게 되어 자신의 소질과 능력이상으로 세상을 살아가게 되는 경우도 있다.

한퇴지(韓退之)의 위인구천서(爲人求薦書)에, 그가 어떤 사람을 추천하면서 "좋은 나무가 산에 있고, 좋은 말이 마굿간에 있습니다. 그러나 명장(名匠) 석(石)이 지나다 전혀 눈을 돌리지 않는다거나, 백락(白樂)이 지나다 전혀 돌보지 않는다면 그 나무는 마룻대나 들보의 재목감이 되지 못하며, 그 말은 발빠른 천리마가 되지 못함이 분명합니다."고 했다.

여자는 사랑하는 사람을 위해 목숨을 바치고, 남자는 자기를 알아주는 사람을 위해 충성을 다 한다고 한다.
사회에서나 직장에서나 자질과 능력, 사람됨을 알아주는 사람과, 혹은 그 밑에서 일한다는 것은 분명 행복한 일이다. 조금 서투른 솜씨라 할지라도 격려해주고 북돋아 주는 것과, 질타하고 비하하는 것 중 어느 것이 그 사회와 직장을 위해 마음속으로 충성을 하느냐 하는 것은 겪어 본 사람이면 다 알고 있다.

애당초 타고난 훌륭한 사람을 발탁하고 천거하는 것도 중요하지만 같이 일하고 있는 사람을 내 사람으로 만드는 것도 못지않게 바람직한 일이다.
압력과 권력 때문에 어쩔 수 없이 하는 일의 결과와 마음속에서부터 우러나서 하는 일의 결과는 그 질에 있어 분명 차이가 있을 수 있다.
살아가면서 가장 참지 못하는 것이 무엇인지, 그에 대한 실험결과도 있다. 그것은 여러 사람 앞에서 당하는 수모가 가장 참기 힘든 고통이라고 한다. 여러 사람 앞에서 당하는 수치스런 경험은 그 사람이 일생을 마칠 때까지 두고두고 뇌리에서 떠나지 않을 것이다. 얼마 전 정부 고관이 그의 수치스런 행동이 일간신문에 대서특필되었을 때 자살했고, 어느 건설회사 사장도 최고위층의 공개 질타에 자살했다. 잘못한 것에 대하여 면박을 주고 꾸중을 하더라도 때와 장소를 가려 하는 것이 그를 내 사람, 내 편으로 만드는 한 방법이 될 것이다.

인간은 살아가면서 어차피 사회적인 지위와 계급이 있을 수밖에 없다. 그러나 최상위의 사람이나 최하위의 사람 간이라 할지라도 인간 본연의 생리는 크게 다르지 않다는 것을, 인간경영에 참고해야 할 것이다.

오늘도 자기를 알아주는 사람을 만나지 못하여 이 사회, 저 사회, 이 직장, 저 직장으로 바람처럼 방황하는 사람이 얼마나 많은가.
그런 면에서 이번 WBC 야구대회에서 세계 4강을 이루어낸 한국 대표팀 야구감독 김인식의 휴먼리더 철학이 시중에 화제가 되고 있는 것은 시사하는 바가 크다.

평범한 생활에 만족을 …

나의 어머니는 목소리가 참으로 낭랑하고, 정이 뚝뚝 흘렀다. 그냥 정겨운 것이 아니고, 사람의 혼을 움직이게 하는, 말로는 표현하기가 어려운 그런 뉘앙스의 목소리였다. 특히 리듬을 넣어 옛날이야기 책을 읽을 때 더욱 그런 것을 느끼게 했다.

그래서 동리 아주머니들은 한겨울 농한기에 나의 어머니를 초청해서 심청전이나 장화홍련전, 유충렬전, 춘향전, 임꺽정전 같은 옛날이야기책을 읽게 했다. 띄어쓰기도 전혀 되지 않은 문장을 어찌 그리도 물 흐르듯이 읽었는지, 지금 생각해도 신기할 뿐이다. 이야기 속에 나쁜 주인공의 행동거지가 나오면, 듣는 사람들은 "저런 나쁜 놈", "아이구 쳐죽일 년"하기도 하고, 춘향이가 사또에게 매맞는 장면에서는 모두다 눈물을 흘리고 코를 훌쩍거렸다. 밤이 이슥해지면 메밀묵이나 떡국 같은 밤참이 나왔다. 어린 나는 내용도 잘 이해가 되지 않는 것이 많았으므로 어머니 무릎에 잠이 들어버리곤 했다.

읽기가 끝나고 집으로 올 때는 뜰에 눈이 하얗게 쌓여 있을 때가 많았다. 어머니 치마꼬리를 붙들고 길을 나서면, 잠이 덜 깨서 칭얼거렸고, 어머니는 얼른 알아차리고 당신의 등을 들이대었다. 찬바람이 윙

윙거리는 고샅길을 올라가며 멀리서 개 짖는 소리를 자장가 삼아, 나는 따뜻한 어머니 등에 잠이 들곤 했다.

며칠 전 신문에 매우 끔찍한 기사가 실려 있는 것을 보았다. 그 사람은 "납"이 온몸 속에 축적되고, 배출이 되지 않으면서 사지가 마비되고 눈도 보이지 않았다. 대, 소변도 받아내야 했다. 갖은 약을 다 써보고, 병원도 전전했지만 천형(天刑)의 불치병을 어찌할 수 없었다. 아버지도 같은 병을 앓고 있었고, 할아버지도 그 병으로 돌아가셨다. 생계의 책임은 자연히 어머니의 몫이 되었다. 온 재산은 모두 병구완으로 날아갔고, 누이동생마저 같은 병으로 누워있었다. 기도원에도 가보았지만 아무런 차도가 없어 돌아오고 말았다. 생계를 위해 고생하는 어머니가 너무 안쓰러워 자기 몸 하나라도 없어져야겠다고 아버지에게 울며불며 매일 애원을 했다. "제발 죽여달라고" 아버지는 눈물을 머금고 인륜으로서는 차마 저지르지 못할 아들의 목숨을 거두는 일을 자행하고 말았다. 아들의 목숨을 거두어야 하는 그 아버지의 마음이 어떠했을까…….

공기가 그렇게 중요하고, 필요한 것인지, 태양이 우리 생활에 그렇게 요긴한 것인지, 우리는 평소에 잘 인식하지 못하며 살아가고 있다. 때로는 생활이 힘들고 어렵다고 짜증내고 불평들을 하지만 우리 평범한 사람들, 이렇게 살아가는 것이 얼마나 다행스럽고 축복 받은 일인지 우리는 알아야 한다. 유년시절의 일편을 떠올리게 된 것도, 내가 얼마나 행복한 시절을 보냈고, 꿈같은 추억을 간직하고 살아가는지 그 기사로 인하여 새삼 느꼈기 때문이기도 하다.

신문기사의 사람과 비교하는 것이 몰염치하고 잔인한 일인지도 모르겠지만, 그보다는 일상의 평범한 생활에 만족할 줄도 알고, 축복 받을 일이란 것도 알고, 감사할 줄도 알아야 하겠기에 하는 말이다.

속이 꽉 찬 사람

북송(北宋) 때 사람 왕안석(王安石)의 시(詩)에 보면 다음과 같은 구절이 있다.

여유가 있으면 서재를 짓고,
여유가 없더라도 책장쯤은 갖추어야지.
창 앞에서 옛 성현의 글을 읽고,
등불 밑에서 그 뜻을 찾네.
가난한 자는 글로써 부유해지고,
부유한 사람은 글로써 귀해지며,
어리석은 자는 글로써 어질어지고,
어진 사람은 글로써 부귀를 얻네.
글을 읽어 영화를 누리는 것은 보았어도,
글을 읽어 타락하는 것은 보지 못했네.
황금을 팔아 책을 사 독서하라.
독서하여 부귀해지면,
황금쯤은 얼마든지 사들일 수 있네.
좋은 책은 참으로 만나기 어렵고,

좋은 책은 정말 얻기 어렵네.

　나의 초등학교 시절에는 책을 읽고 싶어도 책을 선뜻 사기가 그리 쉽지가 않았다. 교과서나 참고서 사기도 어려운 형편이어서, 보고 싶은 책을 사고 싶으면 며칠 전부터 어머니를 졸라, 쌀이나 기타 곡식을 내다 팔아 어렵사리 구해보기가 일쑤였다. 한번은 같은 동리에 살고 있는 누이 뻘이 되는 상급 학생에게 책이름은 기억이 나지 않지만 좋은 책이 있다는 것을 알고, 사정하여 억지로 빌려다 보게 되었다. 밤이 새도록 호롱불을 밝히고 다 읽었지만, 군데군데 좋은 구절이 너무 마음에 들어, 앞 뒤 생각 없이 그 곳을 가위로 잘라내어 스크랩을 했다. 겁도 없이 남의 새 책을 난도질했다. 그것을 어떻게 주인에게 돌려줄지에 대하여는 생각이 미치질 않았다. 책을 돌려주어야겠는데 엄두가 나질 않았다. 할 수 없이 차일피일 미루고 있는데, 드디어 책 주인이 나의 집으로 찾아와 책을 찾아갔다. 책을 찾아간 지 채 몇 시간이 되지 않아 그 여학생, 나의 집으로 찾아와 울고불고 생판 야단법석이 나고 말았다. 책을 물어내라고…….

　근자에 이르러 청소년은 물론이고, 생활인 모두가 마음의 여유가 없어서인지 시간이 없어서인지, 책 읽는 사람의 수효가 그리 많지가 않은 것 같다.
　청소년들은 컴퓨터 앞에서 밤을 꼬박 새운다. 좋은 책을 구해다 주어도 먼지가 쌓일 뿐이다. 책을 읽어 좋은 것을 내 것으로 하고자, 힘써 독서를 해도 모자람이 한이 없다. 책을 읽는 즐거움이 이토록 진진(津津)한데, 독서 이외의 것에서 그 무엇을 남에게서 구하며, 밖에서 얻기를 기대하려는가. 시간이 없어서? 여유가 없어서? 그것은 핑계일 뿐이다.

　올 여름 휴가에는 시원한 나무그늘 아래서 매미 우는 소리 벗하며 독서삼매경(讀書三昧境)에 빠져보는 것도 보람이 있지 않겠는가. 그래서 겉만 번지르르 하지 않는, 어느 때, 어느 곳에 있어도, 교양, 인격, 품위가 떨어지지 않는, 속이 꽉찬 그런 사람으로 변모해 보지 않겠는가.

인생은 만남의 역사

　사람의 일생이란 만남의 역사라고 해도 크게 잘못된 말은 아니라고 생각한다. 그 만남은 어느 기회와의 만남이 될 수도 있고, 어떤 사람과의 만남이 될 수도 있으며, 또한 우연한 인연이라고도 할 수 있을 것이다.

　어느 때 어떤 사람을 만나서 교유를 하고, 무슨 기회를 어떻게 맞게 되느냐에 따라 한 인생의 좌표와 방향이 결정되고, 직업의 종류 또한 바뀌게 되고 결정된다. 가령 예술가를 만나 친교를 하다보면 그 예술에 심취되어 그에 대한 식견을 얻게 됨은 물론, 얼마간의 소질이 있을 경우에는 쉽게 그 방향으로 진출할 수도 있다.

　성실한 사업가를 만나, 성공담에 끌려 그 사업에 손을 대는 경우도 많이 보았다. 자라면서 형제 자매의 재능이나 소질에 스스로 감화되어 저절로 그 길로 같이 가는 일가(一家)도 허다하다.

　학창시절 은사님의 잊지 못할 말 한마디에 감화되어 가치관을 새롭게 정립하는 계기가 되기도 한다.

내가 대학 2학년 재학 중, 교양과목인 국어시간에 〈오발탄〉으로 유명한 이범선 교수님의 말씀 한마디가 지금도 머리에 생생하다.

그분의 말씀은 대충 이러했다. 「인생을 성실(誠實)하게 살아야 한다. 인생을 그저 적당히 그때그때 되는 대로 불성실하게 영위한다면, 후에 삶을 마지막 정리하는 인생의 황혼 마루턱에 서서, 살아온 길을 되돌아보고 회고할 때, 그때는 온 세상의 모든 것을 다 준다 해도, 삶을 성실히 살지 못한 공허(空虛)감을 메꿀 수는 없을 것이다.

그 분이 모 대학교에서 입시 책임자로 있을 때, 어느 학생이 찾아와 "제발 소원이니, 저를 입학시험 마지막 면접에 합격되게 해주십시오, 소원입니다." 그렇게 눈물을 쏟으며 애원을 했다고 한다. 그래서 여러 정황을 참작, 합격을 시켜 보았다고 한다. 입학을 하고 1년여가 지난 어느 날 그 학생이 다시 찾아와, "교수님, 그동안 하루하루가 너무 괴롭습니다. 이렇게 해서 학교를 졸업하면 무엇 하겠습니까? 제 양심으로는 도저히 학교를 더 다닐 수 없으니 자퇴를 해야겠습니다." 그렇게 해서 그 학생은 정말 용감한 결심으로 자퇴를 했다고 한다.

만약 그 학생이 자퇴를 하지 않고 그런 식으로 세상을 적당히 살아간다면 어떻게 하든 학교를 졸업하게 될 것이고, 또 그런 적당한 방법으로 사회에 진출, 출세도 하고 같은 방법으로 세상을 살아가게 될 것이다. 그러나 그와 같은 성실치 못한 방법으로 살아간들, 온 세상 사람은 다 속일 수 있을지라도 신(神)과 자기 자신만은 속일 수 없을 것이고, 세상을 적당히 살아온 데 대한 그 자괴감과 공허감을 어떻게 할 것인가. 그 학생의 용단이 참으로 가상하고, 옳았다.」는 그런 내용의 말씀이었다.

나는 지금껏 살아오면서 잊지 못할 그 분의 그 말씀에 많은 감화를 받았고, 최소한 그렇게 살아보려고 노력하고 있으니, 내 삶의 가치관 정립에 많은 기여를 한 것도 사실이다.

우리가 일생을 살아가면서 별과 같이 많은 인총(人總)에서 언제 어느 때 누구를 만나느냐 하는 것은 참으로 운명인가 보다.

일일지환 묘시주(一日之患 卯時酒)

一日之患 卯時酒 (일일지환 묘시주)
一年之患 狹窄靴 (일년지환 협착화)
一生之患 性惡妻 (일생지환 성악처)

"아침술은 하루의 근심이 되고, 볼이 좁은 신발은 일년 동안의 근심이며, 성질이 포악한 아내는 일생동안의 근심거리다."

무슨 일이든 그 시작이 바람직하고 좋아야 끝이 좋다는 말이다. 우리가 흔히 쓰는 속담에 「시작이 반이다.」「첫 단추가 잘 끼워져야 한다.」는 말도 모든 일의 단초가 얼마나 중요한가를 잘 나타내주는 격언이다.

해마다 되풀이되고, 아니 영겁(永劫)의 세월동안 반복이 되겠지만, 또 한해가 시작되는 신년(新年)원단(元旦)이 돌아왔다. 자연적인 월력(月曆)으로 보면야 연말이나 연초가 평일과 무엇이 다르랴마는 굳이 인간들이 세월을 1년 단위로 묶어놓고, 열두 달로 쪼갠 다음, 그 첫날을 새해의 시작이라 하여 야단법석(野壇法席)을 떨고 있다. 그러나 기왕에 만들어 놓은 1년의 첫 시작이니 감회(感懷)가 어찌 없을 것인가.

　어떤 사람들은 새해 첫날, 해 돋는 광경을 누구보다 먼저 보겠다고 동쪽으로 동쪽으로, 땅이 끝나는 바닷가로 만난(萬難)을 무릅쓰고, 기를 쓰고 찾아간다.
　그 곳에서 보는 해나, 홍은동 백련산에서 보는 해가 무엇이 다른지 알다가도 모를 일이지만 말이다. 그렇게 함으로써 1년의 계획이나 다짐이 더 잘 되고 행운의 여신이 따른다면 얼마나 다행이겠는가.

　사회에 잘 알려진 모모인사는 한해의 계획을 외국의 유명한 호텔이나 관광지로 가서 구상을 하기도 하고, 온천장으로 별장으로 가기도 한다. 그리고 매스컴에서는 그것이 무슨 큰 사건이라도 되는 것처럼 지면(紙面)을 할애한다. 물론 정치가, 사업가, 명망 있는 사람들이 나라를 위해, 사업을 위해, 계획하고 다짐하기 위해, 그렇게 하는 것을 굳이 탓할 일은 못되겠으나, 그 결과가 시중(市中)의 하찮은 필부(匹夫)만도 못할 때, 가끔은 세상의 웃음거리가 되기도 한다.

　정화수(井華水) 한 그릇 떠 놓고 노심초사 자식 잘 되기를 축수하는 어머니의 간절한 바람, 믿을만한 월하빙인(月下氷人)을 만나 금년에는 백년가약을 맺게 해 달라고 기원하는 단순호치(丹脣皓齒)의 아름다운 낭자, 올해는 틀림없이 금연(禁煙), 절주(節酒)를 하겠다고 맹세문을 붙여놓고 아침저녁 외어보는 소박한 우리의 이웃사촌…

　모두가 한해를 시작하는 벽두에 세워보는 의미 있는 계획들이다. 문제는 그 마음먹은 것을 얼마나 중단 없이 실천하느냐 하는 것이다.

제 아무리 훌륭한 계획일지라도 중도에 포기하면 무슨 소용이 있겠는가 작심삼일(作心三日)이 되지 않도록 금년에는 모두가 말(馬)같이 끈질기고 굳세게 달려보자. 인생을 위해, 행복을 위해.

삼인행이면 필유아사(三人行 必有我師)

공자(公子)께서 말씀하실길 "세 사람이 길을 가면 반드시 그 중에 나의 스승이 있다(三人行이면 必有我師)"고 했다. 아무리 하찮은 사람이라도 셋이 모이면 그 가운데는 어찌 됐든 내가 배울 만한 점이 있는 사람이 하나는 있다는 뜻이라고 생각한다.

우스운 얘기지만, 서울시에 같이 근무하던 지금은 정년퇴임을 한, 내가 존경하는 선배 한 분은 "섯다판"에서 공자의 이 말을 자주 인용했다. "三者出이면 必有땡"(세 사람 이상이 서면 그 중에는 땡잡은 사람이 꼭 있다)이라고 너스레를 피웠다.

나는 직원 교육을 할 때나 공익근무요원 교육을 할 때 공자의 이 말을 곧잘 인용한다. 내가 피교육자보다 학식이나 인격이 월등히 나아서가 아니라, 세 사람이 길을 가면 그 중에는 내가 배울 만한 사람이 있듯이 훌륭하지는 않지만, 나에게도 배울 점이 있을 것이니 내 말을 경청해 달라고 부탁을 한다.

나에게도 창피한 얘기가 있다.

어느 날 약관(弱冠)의 나이가 훨씬 지난 아들이 잘못한 일이 좀 있기에 앞에 불러놓고 자못 엄숙하게 훈계 겸 꾸중을 했다. 나의 꾸중을 다 듣고 난 아들, 하는 말에 나는 당황하지 않을 수 없었다.

"제가 어렸을 적 아버지와 손을 잡고 동리 앞 건널목 길을 건널 때 아버지는 신호등을 무시하고 무단횡단을 하셨고, 경찰이 와서 주소와 이름을 물었는데 그때 아버지는 어째서 주소와 이름을 정확히 불러주지 않았느냐."는 것이었다.

평소 아버지를 존경하지만 그것은 아버지의 큰 잘못이다. 아버지도 반성을 해야 하지 않느냐, 그런 뜻이었다. 나는 할말을 잊었다. 언제 그런 일이 있었는지 전혀 기억이 나지 않았을 뿐더러, 너댓살적의 기억을 어찌 그리 또렷이 기억을 하고 있을까. 그러나 내 기억에 없다고 아들 앞에서 구차하게 변명을 할 수는 없었다. 아들의 기억이 생생하니 그것은 사실일 수밖에 없는 일이 아닌가. 솔직하게 내 잘못을 인정하고 말았다. 거꾸로 아들놈에게 한 수 배우고 만 꼴이 되었다.

며칠 전 매스컴에 보도된 가슴 찡한 얘기가 있다. 13년 전 먹고 살기가 힘들어 미국으로 입양 보낸 15살 된 아들이 난치병에 걸렸다. 골수를 이식 받아야 하는데 전 미국을 통해서도 그에 맞는 골수가 없었다. 수소문하여 한국에 살고 있는 친 부모형제를 찾았고, 다섯 살배기 친동생의 골수를 이식 받을 수 있게 되었다. 다섯 살밖에 되지 않은 어린것이 얼굴 한번 보지 못한 형에게 골수기증을 위해 굵은 주사바늘이, 가녀린 골반 뼈에 꼽히는 아픔을 참으며 몸무게의 오분의 일이나 되는 골수를 뺐다. 주사바늘이 꼽히는 순간 어머니는 수술실 밖에서 하염없이 눈물을 펑펑 쏟았다. 그 눈물은 친부모가 아니면서도 아들의 생명을 살리기 위해 혼신의 힘을 기울이는 양부모에 대한 고마

움일 수도 있겠으나, 어른도 쉽지 않은 두려움이 가득 찬 수술실로 태연히 들어가는 어린것의 형제애에 대한 어머니의 끝없는 사랑의 표시이고 대견함의 눈물이었을 것이다.

우리는 평생을 살아가면서 알게 모르게 배우고 감화 받는 상대가 여러 부류에 있다. 많은 교육을 받은 사람, 인품이나 인격이 뛰어난 사람, 인구(人口)에 회자(膾炙)되는 내로라하는 명사(名士)들이 있지만 그러나 그것을 은연중 자랑하고, 거들먹거리는 위선(僞善)자들 또한 얼마나 많은가. 그러나 그보다는 평범한, 너무나 평범한 이들에게서 많은 것을 배우게 되는 경우가 허다하다.

청년(靑年)들이여, 젊음을 허송하지 말라

송(宋)나라의 대유(大儒)이며 철학자인 주희(朱熹)의 권학문에 보면 다음과 같은 글이 있다.
(勿謂今日不學而有來日, 勿謂今年不學而有來年
日月逝矣歲不我延, 嗚呼老矣是誰之愆)
말하지 말라, 오늘 배우지 않고 내일이 있다고
말하지 말라, 올해 배우지 않고 내년이 있다고
세월은 무심히 흐를 뿐, 결코 나를 기다리지 않는다
아아, 늙었노라! 이, 누구의 허물인가?

얼마 전 우리 구청 공익근무 요원들에게 교육을 할 기회가 있었다. 민원봉사과장은 의무적으로 그들에게 교육을 해야 하기 때문이다. 교육 내용은 "젊음은 두 번 다시 오지 않는다. 그것은 인생의 큰 재산이니 젊었을 때 포부를 크게 품고 열심히 배우고 최선을 다하자" 그런 내용이었다. 젊은이는 애오라지 역발산 기개세(力拔山 氣蓋世)하는 웅대한 기개가 있어야 한다고 다음과 같은 내용의 교육을 했다.

어느 성공한 기업인이 평소에 알고 있는 한 대학생에게 장래의 포부와 희망이 무엇이냐고 물었다. 학생 왈(曰) "예쁜 색시 얻어서 조그만 카페를 차리고 오순도순 행복하게 사는 게 꿈이라"고 대답하더란다. 아니, 젊은 사람 포부가 겨우 술집 하나 내는 게 일생일대의 꿈이란 말이냐고 그는 허탈해 했다고 한다. 물론 그 직업이 나쁘다, 좋다, 그런 차원이 아니라 젊은이의 그 나약하고 허약한 생각이 영 마음에 들지 않았던 것이었다.

우리는 인생을 두 번 살 수가 없다. 두 번의 삶이 있다면 "아, 이번에는 여러 가지 실수로 내 인생이 실패한 인생이지만 이번 삶을 거울삼아, 연습 삼아, 다음 삶은 실패 없이 사는가 싶게 잘 살아봐야 겠다"고 할 수 있을 것이다. 그러나 숙명적으로 우리의 삶의 여정은 한 번으로 끝나고 만다.

「살아있는 자는 지나가는 길손이고, 죽은 자는 이미 돌아간 사람이다. 천지는 하나의 객사(客舍)이니, 인생이 만고의 티끌임을 슬퍼하노라」고 중국의 천재 시인 이백(李白)도 세월의 덧없음과 인생의 짧음을 노래했다.

젊었을 때의 시간은 나이 들어 그 몇 배의 세월과 맞먹는다. 젊었을 때 1년에 이룰 일을 나이 들어서는 2년, 3년, 아니 그 이상의 세월이 걸릴 수 있는 것이다. 그만큼 순발력이 떨어지고, 세상을 헤쳐 나가기가 수월치가 않다. 어찌 젊음을 허송하고, 배움을 게을리 할 수 있겠는가?

이제 그 지글대던 한여름도 꼬리를 서서히 사리고, 아침저녁으로 풀벌레 울음소리가 가을이 문턱에 와 있음을 알리고 있다. 세월의 덧없음을 탄식하기 전에, 촌음(寸陰)도 아껴서 후회 없는 젊음이 되게 해야 할 것이다.

독서의 즐거움

우리 은평구청 현관에 들어서서 엘리베이터를 타려고 기다리다 보면 "책을 읽는 구민이 됩시다"라는 표어가 언뜻 눈에 들어온다. 얼마나 책을 읽는 사람이 없으면 이런 구호라도 붙여서 책을 읽게 하려고 할까 하는 생각이 든다.

우리나라 사람들은 다른 나라 사람들에 비해 독서량이 형편없이 떨어진다고들 한다. 특히 요사이 청소년들을 보면, TV나 컴퓨터 오락 같은 것에는 끝없이 정신을 팔면서, 1년에 단 몇 권의 교양서적도 보지 않으니 한심하다 못해 측은한 생각이 든다. 그러니 그들의 정신세계가 얼마나 황량하고 피폐하겠는가? 그런 연유로 해서 갖은 사회악이 싹트는 계기가 될 수 있고, 사람들은 점차 인간미가 없어져가고 있다.

내가 알기로는, 고시를 패스하고 사법연수원에 다니는 연수생들에게도 소설책을 필독하도록 권장한다고 들었다. 삭막한 법전과 규정만을 가지고 판결이나 조사 등에 임하는 것보다는, 세상을 알고, 인생을 알고, 삶의 희로애락(喜怒哀樂)을 알고, 때에 따라서는 낭만을 앎으로 해서 조사와 판단이 더 인간적이고 정확할 수 있기에 그러리라고 생각이 든다. 예외 없는 법이 없고, 법에도 눈물이 있다는 말은 그와 상통하다 할 것이다.

 우리 구청에서는 1층 로비에 독서실을 마련하여 많은 책을 구입, 누구나 와서 독서를 할 수 있게 하였고, 연신내 지하철역과 응암동 지하철역 현장민원실에도 얼마간의 책을 구비해 놓고, 무료로 대여를 하고 있다. 현장민원실에 민원을 보기 위해 내방하는 사람도 많지만, 책을 대여해 가는 민원인도 그에 못지 않은 것을 보고, 나는 흐뭇한 생각이 들었다.

 세월이 흐르면서 구민들의 양식과 인격이 차곡차곡 살져갈 것이고, 사회는 점점 밝아질 것이니 이보다 더 큰 투자도 없을 것이다.

 진종황제(眞宗皇帝)의 〈권학문〉에 보면 다음과 같은 글이 있다.
「부자가 되기 위해 좋은 땅을 살 필요가 있는가. 책 속에 천만석의 곡식이 쌓여 있거늘, 편안하게 살기 위해 좋은 집을 지을 필요가 있는가. 책 속에 황금의 재목으로 지는 좋은 집이 있거늘, 자기에게 사람이 따르지 않음을 한탄할 필요가 있는가. 책 속에 수많은 거마(車馬)족이 그대를 위해 있거늘, 미녀를 갖지 못함을 탄식할 필요가 있는가. 책 속에 옥 같은 미녀가 줄지어 서 있거늘, 남아가 평생에 큰 뜻을 이루려거든 좋은 책을 창 앞에 쌓아놓고 부지런히 읽어라」
 역사가 있은 이래 이름을 얻고 훌륭히 된 사람치고 독서량이 많지 않은 사람이 없다.
 17세기 중국의 위대한 인상파의 평론가로 김성탄(金聖嘆)은 〈서상기(西廂記)〉라고 하는 희극의 평석(評釋) 속에, 인간이 살면서 33가지의 유쾌한 경우를 열거해 놓았는데 그 중에 하나 독서에 관한 것이 있다.

「병에서 물이 흘러나오듯이, 자기 자식이 좋은 책을 유창하게 읽는 것을 가만히 듣고 있다. 아아, 얼마나 유쾌한 일이냐」

사람의 얼굴에는 그림자가 있어야 한다. 많은 책을 읽음으로써 모르는 사이에 지적인 용모와 감각을 갖추는 것이다.

영국의 체스톤 같은 사람은 얼굴만 보고서도 그 사람이 평소에 책을 읽는 사람인지 아닌지를 구별할 수 있다고 했다. 나이가 들면 자기 얼굴에 책임을 져야 한다고 했지 않은가. 얼굴에 화장을 하고 성형수술을 해서 아름답게 보이는 것이 아님은 물론이다.

특별한 경우를 제외하고는 독서를 함에 있어 그 줄거리를 꼭 기억할 필요는 없다. 음식을 먹으면 모든 게 소화되어 피와 살이 되는 것과 같이, 많은 독서에 의거 알게 모르게 그것이 축적되어 저절로 교양과 인격이 높아지기 때문이다.

세상에 책보다 더 훌륭한 스승은 없다. 아무리 훌륭한 사람이라도 사람이기에 때로는 결점을 발견할 수 있어 존경의 마음이 덜해지기도 하지만, 책은 그렇지가 않다.

갑(甲)은 을(乙)을 묻어 주고, 병(丙)은 갑을 묻어 주고 …

속리산(俗離山)에서의 하루

　일주문, 대웅전, 팔상전의 오백나한, 쌍사자석등, 수성암과 동양에서 제일 크다는 미륵불을 둘러보고, 오리나무숲 오솔길 자락으로 접어드니 산죽, 고로쇠, 갈참나무, 물푸레나무, 맹감나무, 흰머리 휘날리는 억새풀의 향연이 질펀하다.

　산 중턱으로 오를수록 일망무제(一望無際)로 펼쳐지는 나무의 천지, 그야말로 수해(樹海), 수해다. 숲 사이로 숨바꼭질하는 맑디맑은 산골물, 군데군데 고여있는 석간수(石澗水)는 그대로 감로수(甘露水)였다. 표주박이 있다면 한 모금 시원히 떠 마시고 싶은 충동이 인다.

　이제 막 초록에서 치잣물 들이듯 갈색으로 물들어가는 형형색색의 나뭇잎들, 산의 정기, 숲속 안개, 볼을 스치며 소소히 달리는 기분 좋은 미풍, 구슬을 굴리듯 지저귀는 이름 모를 산새들의 영롱한 울음소리, 호수속 깊숙이 빠져있는 낙락장송의 휘늘어진 가지, 푸르다 못해 검게 보이는 호숫물, 말 그대로 명경지수(明鏡止水)다. 그 속에 한가롭게 노닐고 있는 크고 작은 물고기, 선경이 바로 이 곳이 아니고 어디이랴.

손에 손잡고 오르는 등산객들의 희희낙락한 모습이 어찌 그리 정겹게 보이는지, 주책없이 따라가 무슨 말이든 걸어보고 싶다.

온갖 나무의 전시장 같은 사이사이로, 언뜻 언뜻 보이는 푸른 하늘은 한 폭의 동양화를 연상하기에 충분하다. 속리산, 누가 있어 이 같은 이름을 붙였을까? 속세(俗世)를 떠난 선계(仙界)임에 틀림없는 것 같다.

한가한 요사채에서 해바라기를 하는 노(老) 비구니를 만났다. 팔십 가까운 노령임에도 티 없이 맑은 홍안(紅顔)에 꾸밈없는 웃음접대가 마음을 푸근하게 한다. 무슨 연유로 탈속(脫俗)을 했을까? 어리석은 중생(衆生)의 호기심이 발동, 실례가 되는 줄 뻔히 알면서도 질문을 했다.

불가에 대한 평소의 의구심에 이런 저런 질문을 하고 심오한 뜻을 이해하려고 했으나, 속세의 하잘 것 없는 미물이 어찌 그 해탈(解脫)의 경지를 넘볼 수 있으랴. 다음 기회를 약속하고 합장배례(合掌拜禮) 하직할 수밖에. 속계(俗界)를 떠난 그 분도 근심과 걱정은 있단다. 속가(俗家)에서 말하는 류(類)의 것은 아니지만.

때 아닌 불청객이 왔음을 느꼈는지 학승(學僧)으로 보이는 젊은 스님 한분이 장짓문을 배시시 열고 기침을 한다. 석양에 비치는 파르라니 깎은 그의 머리가 서글프게 느껴지는 것은 웬일인지 모르겠다. 부다가야 보리수 밑에서 깨달음을 얻어 성도(聖道)를 이룬 석가의 설법을 익혀, 부디 어리석은 중생들을 인도하는 큰 승려가 되기를 마음속으로 기원해 본다.

초가을 해는 뉘엿뉘엿 서산에 걸리고, 숲속의 찬 기운이 옷깃을 여미게 하는데, 발소리에 놀란 다람쥐 한마리가 온 몸을 쫑긋이 세우고 의아해 바라본다.

새들도 둥지를 찾아 어지러이 날갯짓을 하는데, 고단한 이 몸도 쉴 곳, 의탁할 곳을 찾아 부지런히 발길을 재촉한다.

인간이 궁극적으로 가야 할 길, 가서 쉬어야 할 곳은 어디일까? 앞서거니 뒤서거니 우리 모두 가야 하는 곳을, 무에 그리 서럽다고 울고 설고 할까?

해가 설핏해지니 까닭 없이 서글픈 마음이 든다.
계절 탓일까. 나이 탓일까 …
멀리서 목탁소리가 낭랑히 들린다.

귀먹고 눈먼 세상 차마 볼 수가 없어,
모진매 자청하여 반야음을 토하느니,
속비어
허기진 배를
관음으로 채우고.

세상사 답답하여 다 벗고 알몸으로,
하그리 많은 죄업 혼자 후려 맞으니,
시뻘건
피멍이 들어도
내색한번 하지 않고.

나의 졸작 〈목탁〉을 가만이 속으로 뇌어 보았다.

인생은 오솔길

　부모님 돌아가시고, 많은 세월이 흐른 어느 여름날, 불효의 죄책감을 안고 충청도 산골 고향의 뒷동산, 가족 묘지를 찾았다. 명절에는 시간이 없다는 핑계로 대충 성묘를 하고 서둘러 상경을 하곤 했지만, 아버님 돌아가실 때 소홀히 한 것이 가시처럼 걸리고, 모처럼 온 기회이기에 더 많은 시간을 부모님 곁에 지체하고 싶어, 할아버지 할머니 부모님 누워계신 곳에 성묘를 끝내고, 어린 시절에 뛰놀던 장군묘(실제 어느 장군의 묘라 하는데 그 규모가 매우 큼)가 있는 산등성이로 오솔길을 헤치며 올라갔다.
　그런데 이게 웬일이란 말인가. "산천은 의구하되, 인걸은 간 데 없다."고 한 옛시조는 허구란 말인가. 산천마저도 이렇게 변해가고 있으니…….

　초등학교 다닐 적, 책 보퉁이 옆구리에 울러메고 내달리던 솔밭 오솔길은 온데간데 없고, 잡초와 칡넝쿨에 무심히 뒤덮여 있었다. 팔베개하고 누워, 흘러가는 금강물에 비친 저녁노을 바라보던 푸른 잔디밭은 찾을 길이 없었다.
　마치 소설 속의 큰 바위 얼굴을 닮은 바위 위에 나를 앉혀놓고, 형님이 그림을 그렸던 그 풍채 좋던 바위는 깨어지고, 흩어져서 보기가 안쓰러웠다.

온갖 삶의 희로애락만큼이나 무심한 바위도, 덧없는 나이테만 늘어가는 모습이었다.

개구쟁이들, 기마전하며 아무것도 모르고 뒹굴던 넓고 우람하던 장군 묘는 보잘것없이 사그라들었고, 그 옛날 운치 있던 낙랑장송도 세월의 무게를 어찌할 수 없었는지 패잔병처럼 추레하였다.

언덕 아래 저 멀리 명경지수로 굽이쳐 흐르는 금강물에서 하루 종일 미역을 감던 죽마고우들, 지금은 다 어디서 무얼 하고 지낼까? 여름밤 백사장에서 참외, 수박 서리한 것, 알뜰히 씻어주던 그 처녀들, 어느 누구의 고운 아내 되어 있을까?

삶이란 한 조각 뜬 구름이 일어나는 것이고(生也一片浮雲起),

죽음이란 것도 역시 한 조각 뜬구름의 소멸(死也一片浮雲滅)이라 했는데, 하물며 해후와 별리에 있어서랴.

울적한 심기 주체할 수 없어 망연자실 눈물이 났다. 아니 소리 내어 울고 싶은 것을 꺽꺽 참았다.

젊은 날이 그 얼마이리.
귀밑머리 벌써 희끗희끗해졌네.
옛 친구들,
반은 벌써 귀신이 되었으니,
놀라움에 뱃속이 뜨거워지네.

두자미(杜子美)의 싯귀가 생각났다.

세월은 이렇게 산천까지도 변하게 하고 있으니, 나도 이 세상에 머무를 시간이 얼마 남지 않았구나. 즐거웠고, 아름다웠고, 때로는 서글펐고, 괴로웠던 나의 여정도 3분의 2는 걸어 온 것 같다.

그래 인생에 대하여 너무 거창한 의미를 두지 말자. 우리의 삶도 오솔길을 걷는 나그네와 무엇이 다르랴. 마음에 맞는 사람을 만나 동행하여 가다가, 피곤하면 바위에 걸터앉아 흰 구름 흘러가는 것도 바라보고, 경치 좋은 호숫가, 흐드러진 꽃이 있으면 그 향기에 취해도 보고, 좋은 터에 집도 짓고, 소도 키우고, 닭도 기르고, 길쌈도 하다가, 흥이 나면 발을 굴러 노래도 부르다가 오솔길이 끝나면 아무 미련 없이 쉬면 될 것 아닌가.

갑(甲)은 을(乙)을 묻어주고, 병(丙)은 갑을 묻어주고 …

양(洋)의 동서(東西)를 막론하고, 세월의 무상함과 인생의 덧없음을 한탄하기는 마찬가지인 것 같다. 로마의 훌륭한 황제이었을 뿐 아니라 철인(哲人)이기도 했던 마르쿠스 아우렐리우스는 그의 〈자성록(自省錄)〉에서 인간세상의 하잘 것 없음에 대하여 말하고 있다.

「끊임없이 생각하라. 얼마나 많은 의사들이 환자 때문에 눈살을 찌푸리다가 죽었는가를, 얼마나 많은 점성가(占星家)가 거드름을 피우며 남의 운명을 예언하다가 죽었는가를, 얼마나 많은 철학자가 죽음과 불멸에 대해 끝없는 논쟁을 벌이다가 죽었는가를, 얼마나 많은 영웅이 수천 명을 살해하고 나서 죽었는가를, 얼마나 많은 폭군이 생사여탈권을 휘두르며 마치 영생이라도 할 듯이 무서운 오만을 부리며 살다가 죽었는가를, 그리고 얼마나 많은 도시(예컨대 헬리케, 폼페이, 헤르쿨라네움, 그밖에 무수한 도시)가 폐허로 변했는가를, 또한 당신이 아는 사람들을 남김없이 차례차례 헤아려 보라. 갑(甲)은 을(乙)을 묻어주고, 병(丙)은 갑을 묻어주었다. 그러나 이것도 잠시 동안에 일어난 일이다. 요컨대 인간사(人間事)가 얼마나 덧없고, 보람없으며, 어제의 작은 점액(粘液:정액)이 내일은 어떻게 미이라나 재로 변하는

가를 언제나 기억하라. 따라서 이 수유(須臾)나마 자연에 따라 살다가 만족한 가운데 여행을 마쳐야 한다.

　올리브가 익으면 자연을 찬양하고, 지금까지 키워준 나무에 감사하면서 떨어지는 것처럼.」

　많은 사람들, 이 세상에서 삶을 영위하는 인간들은 더 많은 것을 차지하려고, 더 높은 자리를 차지하려고, 더 안락한 생활을 하려고, 미인을 차지하려고, 많은 사람을 부리려고, 속이고, 질시하고, 권모와 술수를 동원하고 때로는 살인과 전쟁도 마다하지 않는다. 그러나 세상을 호령하고, 천만년을 살듯이 행세하던 나폴레옹, 진시황, 시이저, 징기스칸, 알렉산더 수많은 영웅호걸들, 그들도 결국 이 세상에서 사라졌고, 세월의 한 자락을 부여잡고, 살아가던 이름 없는 필부들도 모두 사라졌다. 그들은 지금 어디에 누워 있으며 무슨 생각을 하고 있을까. 떨어지는 낙엽 아래서 역사의 허무를 곱씹고 있을까? 아니면 인생의 짧음을 한탄하고 있을까? 끝없이 이어지는 과거와 미래의 무한정의 시간 속에, 삼년밖에 못산 사람과 세(三)세대를 산 사람 사이에는 어떠한 차이가 있단 말인가?

　이 세상의 모든 것은 끊임없이 변화하며 유전한다. 생명도, 이름도, 명성도, 기억도, 결국은 망각의 심연 속으로 사라져 버리는 것이 우리 인생이다. 이런 덧없는 것에 쓸데없는 애착을 부린다면 불행해질 수밖에 없다. 자연의 순리에 맡기는 것만이, 신의 섭리에 복종하는 것만이 운명을 사랑하는 것이다.

　갈 곳 몰라 이리저리 흩어지는 보도 위의 노란 은행잎, 떨어지기 차마 아쉬운 듯 달랑거리며 붙어있는 플라타너스의 초라한 잎을 바라보면서, 우수(憂愁)의 계절이 찾아왔음을 새삼 느낀다. 해마다 앓아야만 하는 이 어쩔 수 없는 계절병이 올해에 유난히 우심(尤甚)한 이유는 어떤 연유에서인지 모르겠다.

생각하는 계절

서문(西門)을 나와 걸으며 생각하노니,
오늘 즐기지 못하면,
다시 언제까지 기다려야 하는가.
무릇 즐거움을 누리려면,
마땅히 제때에 맞도록 할지어다.
어찌 앉아서 걱정근심하며,
오는 시간을 기다리려 하는가.
술 마시자, 살찐 소 구워라.
마음속 친구를 불러야만,
근심걱정 풀 수 있으리.

백년도 못사는 인생이,
천년 근심 늘 안고 있어라.
낮 짧고 밤 길어 괴로우니,
어찌 촛불 밝혀 놀지 않으리.
우리의 수명 쇠나 돌 같지 않으니,
일 년의 목숨인들 기약할 수 있겠는가.

재물에 마음두어 비용을 아낀다면,
후세의 비웃음거리가 될 뿐이리.

인생은 덧없는 것이므로 즐거움을 누릴 수 있는 좋은 때를 놓치지 말고 후회 없이 즐기자는 중국(中國)의 고시(古詩)다.

얼마 전 같이 근무하던 과장 한 분이 세상을 하직했다. 죽기 하루 전에 마주 앉아 업무를 논(論)하고, 농담하며, 박장대소(拍掌大笑)하던 사람이 이승을 하직했다는 소식에 인생이 허무하다는 말 자체가 사치스럽게 생각되었다. 우리가 장생불사(長生不死)를 원하며, 영원(永遠)을 동경하는 것은 아니지만 주위에 있던 사람이 어느 날 소리 없이 떠나는 것을 보노라면, 애석하기 그지없다.

며칠 전 서울근교의 산을 등정한 적이 있었다. 주위에 무심히 흩어져 있는 바위며 자작나무며 낙락장송 숲을 지나면서, 부질없는 생각에 잠시나마 울적한 마음을 가눌 길 없었다. 내가 죽어 살과 뼈가 썩고 세월이 흘러 그것이 흙이 된 후, 그 흙을 밟고 지나갈 후세의 무수한 사람들도 이 바위며 자작나무며 낙락장송을 어루만지면서 옛사람 생각하며 지나갈 것이고, 이것들 또한 아무 일 없다는 듯이 이 자리에 묵묵히 서 있을 것 아닌가. 저 멀리 산자락을 휘돌아 감기는 유장한 한강줄기를 바라보면서, 나와 똑같이 그 사람들도, 후세사람들을 생각하며 인생의 덧없음을 얘기하며 이 길을 지나갈 것이 아닌가 무심한 자연 속에 유심한 인간의 이 영원히 해결할 수 없는 인생의 본질적인 걱정에 잠시나마 어찌할 줄 모르고 답답해 했다. 그러나 죽고 삶이 결국은 하나라고 하지 않았던가. 현상(現象)으로서의 죽음과 삶은 크게 다를지 모르겠지만, 본래 무(無)인 존재(=본체)가 나타나 현상이 된 것이 삶이며, 그것이 다시 무(無)로 돌아가는 것이 죽음이라고 보면 죽음도 삶도 본질적으로는 같다고 노장(老莊)사상은 말하고 있으니 말이다.

가을이 왔나보다. 부질없는 걱정, 서글픈 마음, 이 모두가 계절 탓인지도 모르겠다. 푸르고 찬란했던 여름은 서서히 가고, 하루가 다르게 초췌해져가는 대 자연을 바라보면서 누군들 철학자가 되지 않으랴.

청춘을 불사르고 노래하던 온 산야가 이제 화려했던 무도회(舞蹈會)를 끝내면서 푸른 연미복을 벗고 그 막을 서서히 내리려고 한다. 그 막 뒤에는 다음을 위한 또 다른 만찬이 준비되고 있다. 때에 맞춰 만찬을 즐기듯이, 이 가을, 늦기 전에 마음에 둔 친구, 정인을 찾아 마음껏 회포를 풀어야 하지 않겠나.

인생은 한편의 서사시(敍事詩)

젊은이가 언제까지 젊은이일 수 있으랴,
바다조차 뽕밭이 되거늘.
영고(榮古 : 꽃이 피었다 시드는 것)의 돌아감이
시위를 떠난 살같이 급한데,
하늘이 어찌 그대 편만 들어주랴.
화창한 봄 경치가 오래간다 말하지 말라,
백발과 주름잡힌 얼굴이 기다리고 있을 뿐이네.

당(唐)나라 때 27세에 요절한 시인 이장길(李長吉)의 자년소(刺年少)란 시의 일부이다.

염량세태(炎凉世態)의 빠르고 덧없음에 대하여 동서고금(東西古今)의 많은 시인묵객들은 하나같이 슬퍼하고 한탄을 했다.
인생은 한편의 대 서사시(敍事詩)다. 유년시대를 지나고, 화려한 청년시대를 거치고, 무르익는 장년을 거쳐 쇠락의 노년단계에 이른 다음, 최후의 생명은 사라지고, 영원히 잠이 들어 다시는 깨어나지 않는다.

〈예기(禮記)〉에 보면 다음과 같은 말이 있다. "사람이 태어나서 열 살이 되면 유(幼)라 하며, 이때에는 배운다. 20세가 되면 약(弱)이라 하며, 이때에는 관(冠)을 쓴다. 30세가 되면 장(壯)이라 하며, 이때에는 아내를 얻는다. 40세가 되면 강(强)이라 하며, 이때에는 처음으로 벼슬에 나아간다. 50세가 되면 애(艾)라 하며, 이때에는 관정(官政)에 복무한다. 60세가 되면 기(耆)라 하며, 이때에는 일을 지시하며 남을 부린다. 70세가 되면 노(老)라 하며, 이때에는 가사(家事)를 아들에게 전한다. 80세와 90세를 모(耄)라 하며, 7세를 도(悼)라 하고, 도(悼)와 모(耄)는 죄를 짓더라도 형(刑)을 받지 않는다. 100세가 되면 기(期)라 하며 이때가 되면 부양을 받는다."

이 모든 과정이 한편의 시(詩)가 아니겠는가.

내가 살고 있는 바로 옆집에 지금은 시골로 이사를 가고 없지만 양(梁)이란 분이 살았었다. 개나리꽃이 언덕에 흐드러지게 피던 어느 날 그분이 나에게 하던 말이 생각난다.

"내 나이가 지금 60인데 10년 전 50세 때 이곳으로 이사를 왔다. 그때는 삶이 아직 멀었고, 한창때라고 여겼다. 이사 오던 날이 꼭 엊그제 같은데 벌써 10년이란 세월이 훌쩍 가 버렸다. 앞으로 10년도 그렇게 빠르게 가버릴텐데, 그때는 내 나이 70이 된다. 이 노릇을 어찌하면 좋단 말인가." 하고 장탄식을 했다.

각설하고,
잔설이 막 녹았다고 생각했는데 산야에는 어느덧 산수유, 진달래가 지천으로 피고 있다. 골목길, 고샅마다 백목련, 자목련도 그 호롱불

같은 자태를 한껏 뽐내고 있다. 먹을 것이 넉넉지 못했던 유년시절, 어머니가 밀가루에 버무려 전병(煎餅)을 만들어 주시던, 골단추의 버선같이 생긴 꽃도 앙증맞게 피어있다. 그러나 열흘이 못 가 그 꽃들도 속절없이 지고 말 것이다.

  하지만 꽃이 진다고 슬퍼하거나 노여워하지 말자.

  이 봄이 가고 나면 여름이 올 것이고, 또 가을이 올 것이다. 사람들은 백년도 채 못 살면서 항상 천년의 시름을 품는다고 했다. 올 봄이 다 가기 전에 달빛 내리 비치는 목련꽃 그늘 아래서 진달래 전이라도 부쳐놓고 근심걱정 풀어보자.

오월, 부디 잘 가시오.

오월,
계절의 여왕이라 했던가, 소담하게 붉은 꽃 모란도 피고, 그대로 몸이 잦아질 것 같은 향기의 아카시아 꽃도 온 천지에 지천으로 피어있다.

한적한 산길을 호젓이 걷노라면 한나절 뻐꾸기 울음소리도 꿈인듯이 들린다. 저녁이면 들려오는 뒷산의 귀촉도 소리는, 지금은 세상에 아니 계신 부모님 생각을 간절하게 떠올리게 하고, 어느 곳에 살고 있을 죽마고우들에 대한 그리움으로 한밤을 뒤척이게 하기도 한다.

"아카시아" 하면 잊지 못할 에피소드가 있다.
대학교 1학년 때였다. 영문시간으로, 제목은 정확히 기억이 나지 않지만 아카시아 꽃을 내용으로 한 수필 형식의 글을 공부하는 시간이었다. 그때 무슨 생각에 골똘히 잠겨있던 나를 교수님이 갑자기 지명하며, 그 문장을 읽고 해석해보라는 것이었다. 문장의 곳곳에 있는 "acacia"란 단어의 발음을 내 딴에는 정확히 "아카시아"라고 읽어 내려가며 해석까지 다 했는데, 교수 왈(曰)
"영어 비슷한 영어를 하고 있다."고 비아냥을 하는 것이 아닌가. 얼굴이 홍당무가 되어 사전을 뒤져보니 과연 "어케이셔"가 정확한 발음이 아닌가.

각설하고,
오월은 석가모니가 탄생한 초파일이 있는 달이기도 하다. 싯다르타가 이천육백이십오년전 마야 부인의 옆구리에서 나와 일곱 걸음을 걷고 한 손으로는 하늘, 한 손으로는 땅을 가리키며 '온 누리에 나 홀로 귀하다'(天上天下唯我獨尊)고 외쳤다고 한다.

모든 인간은 평등하고 존엄한 존재라며 독존을 외쳤다. 모든 존재가 불성(佛性)을 갖고 있기 때문에 누구나 깨닫기만 하면 부처가 될 수 있다는 게 석가의 가르침이다.

깨달음이란 무엇인가? 내가 누구인지를 깨닫는 것이며 참 나를 되찾는 것이라고 했다. 탐욕과 질시와 어리석음의 삼독(三毒)에 빠져 끝없이 욕심내고, 남을 원망하고, 옳고 그름을 판단하지 못하는 우리는 지금 무명(無明) 속을 헤매고 있는 것이다. 부처가 가르친 대로 이 세상 모든 것이 허망하다는 것을 깨닫는다면, 그 허망한 것에 그토록 집착하는 일은 없을 것이다.

중생(衆生)의 미망(迷妄)을, 난타가 빈자(貧者)한 등(燈)으로 밝히듯 제도하고 밝혀야 한다.

나는 종교를 가지고 있지는 않지만 최소한 이해하려고 노력한다. 어느 종파를 막론하고 그 가는 길은 조금씩 다를 수 있지만 궁극의 그 목적하는 바는 크게 다를 바가 없을 것으로 생각한다.

오월에는 난타가 그러했듯이, 중생의 어두운 마음을 밝히는 순수한 마음이 사람마다 가득했으면 좋겠다.

아쉬운 오월이 가고 있다. 계절의 여왕 오월, 푸르름의 대명사 오월, 깨달음의 계절 오월, 부자(富者)의 만등(萬燈)보다 빈자(貧者)의 한등을 생각하는 오월,

부디 잘 가시오.

주말농장 가는 길

　우리 부서(구청환경산업과) 농수산 팀이 주축이 되어 운영되고 있는 주말농장이 있다. 진관내동 외곽, 북한산 자락의 한 구릉에 자리 잡은 아늑하고, 볼수록 정이 가는 곳이다. 봄이면 진달래, 산벚꽃이 야들야들한 연초록 숲에 수채화로 녹아있고, 여름이면 검푸른 숲이 그 자태를 마음껏 뽐내는 산야가, 주위에 펼쳐져 있어 그림 같은 곳이다.
　서러움같이 들려오는 묏비둘기 울음소리가 끝나면, 어릴 적 툇마루에서 혼자 자다 어렴풋한 잠결에 꿈속같이 들려오던 뻐꾸기 소리가 꿈인지 생시인지 분간이 어려웠던, 그 뻐꾸기 울음소리도 번갈아 들린다. 이 삭막한 도심 가까운 곳에 이런 장소가 있다니, 나는 그곳에 갈 적마다 마냥 행복한 감정에 젖곤 한다.
　주말농장 가는 길은 진관내동의 외곽을 지나 새로 난 큰길에서 오른쪽으로 꺾어지는데, 그 초입에 외딴집이 하나 있다. 작은 집이지만 꽤 넓은 빈터에는 능소화가 여러 개의 기둥을 따라 올라가며 질박하면서도 화려한 자태로 서 있어, 선경으로 들어서는 기분을 갖게 한다. 차 한 대가 겨우 비켜 갈 정도로 좁고 한적한 길 양옆으로는 코스모스 꽃이 세상이 혼탁하여 제철을 잊었는지, 제철을 분간하지 못하는지 봄에서부터 여름 내내 니엄니어 피고 있다.

농장은 400여 세대 분이 어깨를 스치며 옹기종기 열병식을 하듯 늘어 서 있는데, 상추며 아욱, 부추, 그리고 가지, 고추, 일년감 등이 풍성하게 자라고 있다.

어느 화창한 봄날 점심시간을 이용, 구내식당에서 밥을 싸고, 된장, 고추장에 참기름을 듬뿍 섞어, 현지 농장에서 상추를 뜯어서 농장 옆 평상에 둘러앉아, 직원 대여섯이 꿀 같은 점심을 포식했다.
나른한 봄날의 오후, 어찌 도연명(陶淵明)의 싯귀(歸田園居)가 떠오르지 않았겠는가.

어려서부터 세속에 어울리지 못하고,
천성이 본디 산을 사랑했노라.
잘못하여 속세에 떨어져,
어느덧 오십 년이 지났네.
새장에 갇힌 새는 옛 숲을 그리워하고,
못속의 물고기는 제 놀던 못을 생각한다네.
황폐한 남쪽 들 한쪽을 일구어 살며,
전원에 돌아와 순박한 본성을 지키노라.
반듯한 십여이랑의 텃밭에,
여덟 아홉간의 초가집,
느릅나무와 버드나무는 뒤뜰처마를 가리고,
집앞에는 복숭아 오얏꽃이 줄지어 피었네.

맑은 개울물을 따라 얼마를 가면, 조그만 고개를 넘어 진관사가 그 자태를 홀연히 나타내는데, 속세에서의 한 많은 사연을 씻기라도 하듯 비구니의 청아한 목탁소리가 온 산에 낭랑히 울려 퍼진다.

인간은 어디에서 와서 어디로 가는 건가, 어찌하여 길지 않은 세월을 생로병사(生.老.病.死)의 고통에서 헤매어야 하는 건가. 본시 무(無)에서 왔기에 다시 무로 돌아가는데 왜 연연(戀戀)해 해야 하는가.

오욕칠정(財, 色, 음식, 명예, 수면, 喜, 努, 哀, 樂, 愛, 惡, 欲)의 굴레에서 한시도 편한 날이 없는 슬픈 운명의 인간을, 예수, 석가모니, 마호멧, 그들은 진정 구제해 주었는가…….

잠시 부질없는 상념에 잠기게 했다.

차를 돌려 나오다 농장 앞 손바닥만한 가게에 들려 물을 청하였더니, 시원한 물 한컵을 따라주며 웃음 짓는 아주머니의 인정이 마음에 와 닿는다.

짧은 시간이었지만 유토피아 같은 세계에서 현실로 돌아오기가 여간 싫은 게 아니었다.

순간, 순간, 지금이 중요하다

 몇 해 전, 나는 죽마고우(竹馬故友)였던 친구를 전립선암이란 몹쓸 병으로 해서 이 세상에서 영원히 이별을 하고 말았다. 즐거울 때 같이 기뻐했고, 어려움이 있을 때, 늘 상의를 해 오던 그였다. 시한부 삶이란 것을 알면서도, 그는 가까운 친구에게도 처절한 마음의 일단을 보이지 않으려고 노력했다. 오히려 상대방을 편하게 하려고 애쓰는 것을 볼 때 저럴 수도 있을까 하고 문병 간 우리들을 당혹케 하곤 했다.

 죽음을 눈앞에 두고, 그 많은 고통을 다량의 진통제로 참으면서도 간간이 평온이 찾아올 때는 "며칠 있다 좀 나으면, 우리 같이 고스톱 한번 치자."고 너스레를 떨던 그였다. 이 세상 살면서 좋은 일 하나 변변히 한 것 없으니, 마지막 가는 길에 시신을 연구용으로 병원에 기탁하고자 하니, 친한 친구로서 보증서에 도장을 찍어 달라고 부탁을 해 왔을 때, 나는 말로 형용할 수 없는 인생의 비애를 느꼈다.

 임종을 하고 난 후, 영정 앞에서 나는 조용히 눈을 감고 엉뚱하게 그와 나의 위치를 바꾸어 놓고 생각해 보았다. 내가 죽고 그가, 아니 내가 아는 사람들이 나의 영정 앞에서 문상하는 광경을 그려보았다.

어쩌다 경우가 바뀌었을 뿐, 생자필멸(生者必滅), 언제인가 나도 이렇게 되겠지……

인생의 허무를 새삼 탄(歎)하는 바는 아니지만 그는 너무 서둘러 가고 말았다.

이백(李白)은 그의 칠언시(七言詩)에서, 친구와의 이별의 아픔을 다음과 같이 노래했다. 「바람 맑고, 달 밝은데 / 낙엽 모였다가 흩어지고 / 까마귀 깃들었다가 날아가는 가을 밤 / 서로 그리는 우리 / 다시 만날 날 언제이리. / 오늘 이 밤 / 이별의 정 어찌 가누리.」

또 흘러가는 인생의 모습에 대해서 전형적인 감상을 적은 왕희지(王羲之)의 수필 난정기(蘭亭記)를 보면, 인생을 즐기면서 영원한 것을 동경하는 소망과 유한한 인생을 서글퍼 하는 심정이 표현되어 있다.

「우리가 가고 없어진 뒤 비록 세상은 달라지고 세태는 바뀌게 되겠지만, 지금 우리가 옛사람을 생각하듯 후세 사람 또한 옛사람이 되어 버린 우리를 생각할 것이니, 사람의 감회를 일으키게 되는 이치는 같은 것이다. 뒤에 누구든 이 글을 읽게 되는 사람은 나의 이 말에 또한 감회가 없을 수 없을 것이다.」

평탄치 않는 우리의 세상살이, 그나마 눈 깜짝할 사이에 지나가 버리고 만다. 이 겨를 없는 삶이지만 살아 있다는 것에 뜻이 있다. 죽은 후에 저승이 있다고 말들 하지만 부질없는 약자의 변(辯)일 뿐이다.

아더. 키이드(Sir. Arthur Keith)경은 "지상이야말로 유일한 천국이다. 이 한 가지를 나와 함께 세상 사람들이 믿는다면 그 지상을 천국으로 만들기 위해서 더욱 더 노력하게 될 것이다."고 했다.

　우리는 삶을 사랑하고, 살아 있음을 감사히 생각해야 할 것이다. 헛되이 영원한 것을 바란다면, 지상 생활의 건전한 즐거움은 깨지고 말 것이다. 순간, 순간, 지금, 지금이 중요하다

벌초(伐草)를 하면서

　내 유년시절 해마다 추석 전날이 되면 겉으론 내색을 않지만 객지에서 돌아올 형님들 생각에 부모님은 하루 종일 사립문 쪽으로 눈길을 주시는 기색이었다.

　어머님은 나에게 이른 아침부터 뒷동산에 올라가 대바구니 가득 정갈한 솔잎을 따오도록 했다. 떡쌀을 만들고 송편을 빚어 소반 위 켜켜이 솔잎을 깔고 쪼르라니 송편을 올려놓으면 날렵하기가 제비 같았고, 새색시 버선코 같았다. 나는 어머님 옆에 앉아 송편을 빚어보지만 그 모양이 두루뭉실하여 지청구를 듣기가 일쑤였다. 송편 모양이 좋아야 예쁜 색시하고 혼인을 할 수 있으니, 잘 만들어 보라고 어머님 특유의 정이 담뿍 서린 표정으로 말했지만, 아무리 정성을 들여도 소용이 없었다.

　송편을 만들다 싫증이 날 때 쯤 되면, 성(형)이 오는지 나가보라고 넌지시 이르셨다.
　동구 밖 정자 모롱이를 돌아서 멀리 바라보면 솔고개라는 서낭당이 있는 고개가 보인다. 객지에서 돌아오는 사람을 처음 발견하는 곳도

이 고개이고, 외지로 떠나가는 사람을 보이지 않을 때까지 치마폭 훔치며 손 흔들어 보이는 것도 이 고개를 넘을 때이다.

 이제나 저제나 성이 오는지 솔고개를 노심초사 바라보지만, 해가 다 저물도록 고대하던 모습이 보이지 않을 때가 많았다.

 한가위 달이 동편에 둥실 맷방석만한 크기로 떠 오르면, 야트막한 산모롱이 하얀 꽃이 만발한 메밀밭에서는 풀벌레 소리가 물 흐르듯 했고, 울 너머 강 언덕 바위틈에선 암수 부엉이 소리가 간간이 장단을 맞추었다.
 서운한 마음으로 돌아서 동리로 들어서면, 고샅마다 왁자하게 웃음꽃이 피었고, 어느 집 다듬이 소리에 놀란 먼뎃 개가 덩달아 짖곤 했다.

 지난 일요일, 그 동리 입구 산기슭에 자리 잡은 가족 묘지에 온 가족이 모여 벌초를 했다. 아버님 돌아가시기 전 당신이 손수 풍수를 불러 터를 잡고 1,000여 평을 매입해 두었던 곳…

 이제는 할아버지, 할머니, 그리고 당신과 어머님, 형님 한 분이 누워계신다. 숱한 기다림과 이별이 교차하던 이곳, 후일 이쪽은 큰형님이 자리할 곳이고, 저쪽은 둘째 형님이, 또 그 너머는 다른 형님들과 형수님들, 그 아래로는 내가, 고단한 몸 눕힐 곳이란다.

 추석이면 애타게 기다리게 하던 형님들도 이제는 백발이 성성하고, 수려했던 양자(樣姿)도 세월의 무게는 어쩔 수 없는지 영락(零落)하여 볼품이 없었다.

당신들이 수시로 떠나갔고, 돌아왔던 이 길목에 자리한 묘원에, 당신들이 영원히 잠들 곳의 잡초를 베고 정리하는 당신들의 감회가 어땠했을까?

새해, 어떤 마음을 가지고 살까

「네 명의 아내를 거느리고 사는 사람이 있었다. 그는 첫째 아내를 너무나 사랑하여, 언제나 곁에 두고 잠시도 떠나지를 못하게 자나 깨나 가까이 하며 살았다. 둘째는 아주 어렵사리 얻은 아내다. 다른 사람들과 피나는 경쟁의 결과로 얻었기에 더욱 애지중지하였고, 든든하기 이를 데 없는 큰 성(城)과도 같은 존재였다. 셋째와는 항상 마음이 맞아 같이 어울리며 즐겁게 생활을 했다. 그러나 넷째와는 별 관심이 없이 지냈고, 늘 하인취급을 했다. 그녀는 온갖 궂은일을 도맡아 했고, 묵묵히 순종하기만 하여 그 존재 가치를 잊고 살았다.

어느 시기에 그는 아주 먼 길을 떠나게 되어, 첫째 부인에게 동행할 것을 권했다. 그러나 그녀는 일언지하에 거절했다. 그는 너무 큰 충격을 받았다. 할 수 없이 둘째에게 같이 가자고 했으나 그녀 역시 거절했다. 첫째가 아니 간다는데 왜 자기가 가야 하냐고, 셋째에게 가자고 했으나 그도 거절했다. 대문 밖까지는 배웅할 수 있으나, 끝까지 같이 갈 수는 없다고 했다. 넷째는 말했다. "당신이 가는 곳이라면 어떤 고난의 가시밭길이라도 기꺼이 따라 가겠다." 이렇게 해서 그는 넷째 부인과 함께 먼 나라로 떠나가게 되었다.」

 불경(佛經)의 아함경(阿含經)에는, 장아함경(長阿含經), 중아함경(中阿含經), 잡아하경(雜阿含經), 증일아함경(增一阿含經)이 있는데, 위의 내용은 잡아함경에 나오는 이야기로서, 여기에서 먼 길은 저승길을 말한다. 그리고 첫째 아내는 육체를 비유한 것이다. 육체는 죽으면 같이 갈 수가 없다. 이 세상에 내놓을 수밖에 없다. 피나게 경쟁하여 얻은 둘째는 재물을 뜻한다. 든든하기 성과 같지만 이도 이 세상에 버려둘 수밖에 없다. 셋째는 함께 웃고 즐겁게 지내던 일가친척, 친구들이다. 이들도 대문 밖까지는 배웅하지만 함께 갈 수는 없다. 세월이 흐르면서 다 잊을 수밖에 없다. 넷째 부인은 마음이다. 살아가는 동안 별 무관심이었지만 죽을 때 험한 경지에서 어느 곳이든지 함께 따라가는 것은 마음뿐이다.

 살아가면서 육체, 재물, 일가친척, 친구 모두가 없어서는 안 될 존재이고 중요하다. 이들은 모두 형이하학적인 물질적 존재이다. 이들을 조종하고, 가치 있게 이용하는 것은 우리들의 마음이다. 마음 씀씀이에 따라 인간의 가치가 평가된다.
 아무리 큰 업적을 쌓았다 하더라도 마지막 평가는 다른 사람들의 마음에서 우러나오는 진정한 의미의 평가가 있어야 한다.
 마음 가지기에 따라 도덕군자, 위선자, 철면피, 효자, 불효자, 선각자, 심지어는 강도, 도둑이 되기도 한다. 아무리 지위가 높고, 부자로 살아도 마음에 차지 않으면 불행하다.
 백금에 보석 박은 왕관이, 흙냄새 땀에 젖은 베적삼만 못하다는 노래구절이 있듯, 인간만사 마음 가지기에 달렸다.

2006년 새해가 밝았다. 새로운 한해가 시작되었다. 새로운 한해를 어떻게 살아갈 것인가 하는 것은 오로지 우리들의 각자 마음에 달렸다.

보리밭이 있는 서정

보리피리 불며 봄 언덕
고향이 그리워 필닐니리
보리피리 불며 꽃 청산(靑山)
어릴 적 그리워 필닐니리
보리피리 불며 인환(人寰)의 거리
인간사(人間事) 그리워 필닐니리
보리피리 불며 방랑의 그 산하
눈물의 언덕을 지나 필닐니리

천형(天刑)의 병을 안고, 떨어져 나가는 몸의 일부를 하나하나 땅에 묻으며, 소록도를 향해 남도 길을 가면서 통곡하며 흐느끼던 시인 한하운의「보리피리」라는 시(詩)다.

보리밭! 말만 들어도 고향의 푸른 들판이 아련히 떠오르고, 어머님 젖무덤 같은 향수가 저려온다. 보리이삭이 패는 계절은, 기분 좋은 훈풍이 불어왔다. 아지랑이 너울거리는 산자락엔 찔레꽃이 하얗게 무덤을 이루었고, 아이는 찔레 순을 꺾어먹으며 천둥벌거숭이로 들판을 쏘다녔다.

　보리수염은 은회색 안개처럼 자욱하게 서렸고, 연두빛 보리이삭은 열병식을 하듯, 고개를 곧추세우고 파도처럼 온 들판을 넘실거렸다. 출렁이는 보리물결 위로 노랑나비, 흰나비가 너울너울 춤을 추었고, 일찍 찾아온 제비들은 날렵하게 가라앉았다가 창공을 차며 날아올랐다.
　누이의 지분향기가 나는 싸리꽃을 꺾으며 산과 들을 쏘다니던 아이는, 아련히 들려오는 한나절 뻐꾸기 울음소리에 꿈속 같은 감상에 젖었고, 어머니 자궁 속 같은 아늑한 행복에 젖기도 했다.

　뛰놀다 제풀에 지치면, 보리밭 이랑에 벌렁 드러누워 하늘높이 날아오르는 종달새 따라 합창을 했고, 흘러가는 흰 구름을 하염없이 바라보다, 갑자기 서러움 같은 것을 느끼기도 했다.
　옥양목 치마폭에 가득히 캐 담은 나물 속에 혹시나 찔레 순이라도 있는지 뒤지다 보면 자애스런 어머니의 눈빛이 하얗게 꽂혀왔다. 들길을 따라 청보릿대를 꺾어 보리피리를 만들어 보지만, 번번이 죄 없는 보릿대만 못쓰게 만들었다. 눈치 빠른 어머니가 그것을 놓치지 않고 솜씨 좋게 만들어 주었다. 아이는 그것을 곡조도 없이 천방지축으로 마구 불어댔다.

　보리밭 하면 온몸이 혼곤히 가라앉는 것 같은 감상에 젖는다. 어쩌면 에로틱하기도 한 이 말속에는 순수한 자연의 서정이, 꿈속의 고향이, 어머님이, 그리운 옛 친구가 모두 함축되어 있기도 하다.

　어느 해이던가 갑자기 보리밭이 보고 싶어 무작정 청량리에서 기차를 타고 덕소를 거쳐 양수리, 양평까지 가 보았지만 그리던 보리밭은 구경할 수가 없었다. 보리농사가 수지가 맞지 않은 것인지, 혹은 보리농사가 힘이 들어서인지 알 수 없는 일이었지만 여간 서운한 것이 아니었다.

 이제 도시는 온통 시멘트 건물로 뒤덮이고, 자동차 소음과 각종 매연으로 찌들은 회색의 천지가 되어버린 지 오래다.
 요즘 같은 사회에 아이 적 그 보리밭이 더욱 그리워지는 것은 나만이 느끼는 감정은 아닐 것이다.
 고향의 보리밭, 보리밭 같은 서정으로 우리 모두 돌아가 보자.

아버지, 아버지가 살아야 가정도 살고 사회도 산다.

가장 안타까운 죽음

유년시절, 나의 부모님은 절대 죽지 않을 것이라는 생각을 했다. 주위에서 초상이 나고, 상여가 나가도 그것은 모두가 딴 세상 사람들 일로 여겨졌다. 어떻게 내 어머니, 내 아버지가 돌아가실 수 있을까. 상상할 수 없는 일이었다. 그러다가 초등학교를 나오고, 중학교를 가고 철이 들면서 '아! 언제인가, 내 부모님도 돌아가시겠구나.' 그것이 어쩔 수 없는 일이란 것을 깨닫지 못해서가 아니라 억지로라도 부인하고 싶었다.

그래도 그것은 아주 먼 후일의 일이니, 걱정할 필요가 없겠지. 그러면서 의식적으로 생각을 떨쳐 버리려고 애를 썼다. 생각하면 너무 허무하고, 하늘이 무너질듯 닥쳐올 앞 날이 무서웠다.

흐르는 세월은 어찌할 수가 없어, 청년기가 지나고 장년이 되면서 인생의 덧없음을 알게 되었을 때 쯤, 급기야 어머님의 임종을 맞게 되었다. 허망했다. 안타까운 마음을 시로 표현해 보았다.

솔고개
서낭당 넘으며

당신 하직할 때마다,
동구 밖
학처럼 서있던 외로운 모습,
그것은 사랑이었습니다.
칠흑 같은 젊은 날
억수 비 맞으며 광야를 헤맬 적,
빗물 닦아주며
위로하던 그 말씀,
그것은 사랑이었습니다.

보리이삭 패고
뻐꾸기 우는 난리 통,
치마폭 부여잡고
이팝이 먹고 싶은 철부지 생떼에,
때묻은 소맷귀로 눈물 훔쳐주던
어머니.
그것은 사랑이었습니다.

어머니,
당신은 설움이었습니다.
당신이 떠나시던 날
당신과 맺은 탯줄 끊은 이래
처음으로,
천둥 같은 울음에
황소 같은 눈물 쏟았습니다.

일개의 필부(匹夫)에서, 내로라 하는 철학자, 정치가, 사상가에 이르기까지 동서양을 막론하고, 인간이 죽음에 임하는 모습은 참으로 다양하다.

소크라테스는 "나보다 즐겁고 착한 생애를 살아온 사람이 있다고, 나는 믿지 않는다."고 자신이 살아온 삶에 만족해하며 숨을 거두었다.

20대의 젊은 나이에 부모를 여의고 이곳저곳 떠돌아다니며 살았고, 나중에는 귀머거리가 되었던 존 로크는 죽어가면서 자신의 비문에 이렇게 썼다. "길을 가는 나그네여, 잠시 그대의 발길을 멈추어라. 여기 존 로크가 누워 있노니, 그가 어떤 사람이었는지 묻는 사람이 있으면 그는 자기 운명에 만족하고 산 사람이라고 대답해 주어라."

우암 송시열은, 충청북도 옥천에서 조선 선조 40년(1670년)에 태어났다. 숙종이 장희빈의 어린 아들을 원자로 책봉하려 하자, 송시열은 "정비인 민비가 아직 젊으니 후일을 기다려 봐야 한다."고 상소를 했다. 이것이 임금의 노여움을 사 제주도로 귀양을 갔다. 그 후 민비가 퇴출되자, 송시열을 불러다가 국문하라는 어명이 떨어졌다. 어명을 받고 제주도를 출발하여 올라오는 길에 "정읍"에서 사약을 받으라는 명령이 다시 내려온다. 83세 고령의 나이로 병세가 악화되자 국문하기 전에 운명할 것을 두려워한 일당이 임금에게 주청했기 때문이다. 기력이 쇠진하여 눈을 감고 있다가 겨우 뜨면서 "지금 시각이 어떻게 되었느냐?" 묻고는 "시각이 다 된 것 같으니 약을 들이도록 하여라. 약이 늦으면 그전에 죽을지도 모른다."면서 사약을 재촉하였다. 약이 들어오자 옷을 입혀 달라고 간신히 몸짓을 한다. 죽는 모습에 최소한의 예의를 갖추기 위함이다. 그리고 약을 든다. 대인의 풍모를 잃지 않으려는 태연자약한 모습이다.

  자신의 과오가 없음에도 독백의 잔을 태연하게 기울이는 장엄한 모습, 누군가 서산에 넘어가는 붉은 해 같다고 했다.

  얼마 전 일세를 풍미하던 정주영씨가 별세했다. 나는 그분이 살아온 여정을 책이나 매스컴을 통해서, 또 간접적으로 들어서 어느 정도 알고 있다.
  잔꾀 부리지 않고 살아온 우직함, 향토색 짙은 순수함, 물레방앗간 주인 같은 수수함, 어쩌면 대한민국 최고 갑부에 어울리지 않는 검소함, 그 분의 그 모든 것을 나는 좋아했다.
  한편의 대 서사시 같은 삶을 살아온, 큰바위 얼굴을 닮은 분을 잃은 것 같아 허전함이 순간 엄습했다.

  이 시대 우리 사회에, 속으로부터 존경의 마음이 우러나오는 사람이 몇이나 될까?
  가장 소중하게 아끼는 물건을 잃어버린 것 같은 안타까운 마음이 드는 것은 비단 나뿐만이 아닐 것이다.

내 고향 6월은

「끝없이 짙은 남빛으로 젖어있는 하늘, 외따로 떨어진 한조각 흰 구름, 떠 있는 것도 아니고 사라지는 것도 아니다. 낮은 따스하고 바람 한 점 없다.…

공기는 갓 짜낸 우유와 같구나! 종달새는 하늘 높이 지저귀고, 비둘기는 구구구 울고, 소리 없이 제비는 날아오른다. 말은 어설픈 울음소리 내다가 무엇인가 씹고, 개는 짖는 소리 잊고 꼬리를 흔들며 서 있다. 연기의 내음, 풀의 싱그러움, 희미하게 풍기는 수피의 냄새. 대마는 제철을 만난 듯이 짓누르는 듯 상쾌한 향기를 뿜고 있다. 깊기는 하지만 완만하게 뻗어 내린 계곡, 골짜기에는 시냇물이 졸졸대고 있다. 바닥에는 반짝이는 물결을 뚫고 조약돌이 떨리듯이 보인다. 아득히 저 멀리, 하늘과 땅이 끝나는 곳, 아련히 흐르는 푸른 강줄기」

투르게니에프의 〈시골〉이라는 산문시(散文詩)의 일부이다.

내 고향 금강의 상류, 한적한 시골 풍경도 참으로 아름다웠다. 「넓은 벌 동쪽 끝으로 / 옛이야기 지줄대는 실개천이 휘돌아 나가고 / 얼룩빼기 황소가 / 헤설피 금빛 게으른 울음을 우는 곳 - 그곳이 차마 꿈엔들 잊힐리야 / 질화로에 재가 식어지면 / 비인 밭에 밤바람 소리

말을 달리고 … 」 시인 정지용이 〈향수〉란 시(詩)에서 옥천의 아름다움을 이렇게 절절히 노래했지만, 나의 시골은 그곳에서 4km정도 상류로 더 거슬러 올라간 곳에 자리하고 있다.

  6월은 보리와 밀 타작이 한창일 때이다. 보리와 밀 타작으로, 하루 종일 껄끄러운 먼지를 뒤집어 쓴 사람들은 저녁이 되면 삼삼오오 서늘한 강으로 모여들었다. 위에서는 남정네가, 아래쪽에서는 여인네들이 옷을 훌훌 벗고 강물 속으로 뛰어들었다. 캄캄한 밤은 옷을 다 벗어도 보는 사람이 없어 편리했다. 강의 가장자리는 낮의 열기가 아직 식지 않아 미지근했고 안으로 들어갈수록 차고 시원했는데 강물의 온화함이 여간 기분 좋은 것이 아니었다.

  목욕을 끝내고, 백사장에 두런두런 모여 앉으면, 모기가 없어 좋았고, 강 건너 숲이 우거진 바위 언덕에선 암수 부엉이가 묘한 코러스로 합창을 했다.

  밤이 이슥하여 달이 뜨면, 초가지붕 위의 하얀 박꽃이 가련한 청상(靑孀)을 연상케 했다. 뒷동산 소나무 숲에서는 두견새의 구성진 울음이 생각 많은 사람의 가슴을 저리게 했다.

  코흘리개 아이들은 호박꽃 속에 반딧불이를 잡아넣고, 호박꽃 초롱을 만들어 저녁 내 고샅의 아래위로 내달리며 부산을 떨었다.

  마당가 두엄더미 옆에서는 밤새워 매캐한 모깃불이 타고, 할머니 무릎을 베고 멍석에 누운 어린것은 하늘을 가로지르는 별똥별을 바라보며 옥수수며 감자로 주전부리를 했다.

  외양간의 누렁이는 잠도 자지 않고 되새김질에 여념이 없다. 사르르 아픈 배를 움켜쥐고 뒷간을 갈라치면, 무서운 마음에 할머니를 졸라야 했는데, 귀찮아하는 할머니 대신 삽살개가 따라와 꼬리를 흔들며 지켜주기도 했다.

할머니 장죽에 몇 차례 새 담배가 메워지고, 은하수 한 물결이 한쪽으로 비스듬히 기울 때면, 온 동리는 쥐 죽은 듯 적막에 싸인다. 애저녁부터 피가 나게 울어대는 두견새 소리만 멀어졌다 가까워졌다 꿈속처럼 이어졌다.

그런데 이제는 어릴 적 그 고향도 꿈속에서만 그리워해야 하는 곳이 되고 말았다. 수몰지구의 아픔, … 나는 간간이 눈을 감고 누워, 그때 그 시절 그 곳에서 행복했던 때를 생각하고, 혼자 애태우며 가슴을 쥐어짠다.

섣달 그믐(除夜)

제운밤(除夜) 촛불이 찌르르 녹아 내린다.
못견디게 무거운 어느별이 떨어지는가,
어둑한 골목길에 수심은 떴다 갈앉았다.
제운밤 이 한밤이 모질기도 하온가,
희뿌얀 종이등불 수집은 걸음걸이,
샘물정히 떠붓는 안쓰러운 마음결,
한해라 가리운 정을 묶고 쌓아, 흰그릇에
그대는 이 밤이라 맑으라 비나이다.

1930년대 김영랑의 〈제야(除夜)〉라는 시(詩)다. 무겁고, 암울하기만 하던 시대, 섣달 그믐 저녁에 전통적 한국여인의 애절한 소망을 기원하는 모습이 한 폭의 어두운 수채화(水彩畵)를 연상케 한다. 절로 안쓰러운 마음이 들게 한다.

나의 유년시절, 섣달 그믐이 되면 작은 설이라 하여 집안 어른이나 사당에 묵은세배를 올렸다. 아마도 한 해를 무사히 넘기게 되었다는 안도와 감사의 표시라고 생각이 된다. 그 날이 되면 아침부터 마음이 들뜬다. 괜스레 기분이 좋았다. 객지에 나가있던 형님들이 오고, 올 때는 운동화나 양말, 맛있는 과자를 사왔으니, 어린 마음은 마냥 즐겁기만 했다.

온 집안 구석구석 묵은 때를 털어 내고, 부실한 부뚜막은 황토 흙으로 다시 바르고, 외양간을 청소하고, 거름도 깨끗이 퍼낸다. 그 시절 시골에는 공중목욕탕이 있을 리가 없다. 큰 가마솥에 장작불을 지펴, 물을 펄펄 끓인 후, 찬물을 섞어, 거적을 두르고 목욕을 했다. 때 밀어주던 어머니 손이 너무 아파 얼마나 앙탈을 했던가.

어머니는 떡쌀을 씻고, 디딜방아에 빻아서, 절편도 만들고, 가래떡을 만든다. 동리 앞 냇가에서는 어른들이 모여 돼지를 잡는다. 그 광경이 어린 나에게는 무척 재미있어 보여서 처음부터 끝까지 구경을 했다. 돼지오줌보는 물론 우리 개구쟁이들의 몫으로 멋진 축구공이 되었다. 집으로 돌아올 때는 우리 집 몫으로 돼지고기 몇 근을 새끼줄에 묶어 해질 무렵이 되어서야 돌아왔다.

저녁이 되면 어머니는 깨끗한 흰옷을 정갈히 갈아입는다. 쪽진 머리를 곱게 빗고, 부엌 한쪽에 나뭇가지로 된 삼발 위에 정화수 한 바가지를 정성스럽게 올려놓는다. 그리고는 얇디얇은 소지(燒紙)종이에 불을 붙여 공중으로 띄우며, 객지에 나간 자식들의 이름을 일일이 부르며, 무사를 간절히 축원했다. 그 축원하는 당신의 목소리가 어찌 그리 절절(切切)하고, 모습 또한 엄숙했던지 나는 어머니의 얼굴을 몇 번인가 쳐다보곤 했다.

섣달 그믐에는 자거나 졸면 눈썹이 하얗게 센다고 하여 방에는 물론 헛간에, 외양간에, 돼지우리에 심지어는 뒷간에까지 초롱불을 밤새도록 밝히고 온 밤을 새웠다.

낮에 만들어 놓았던 흰 가래떡은 너무 굳으면 썰기가 어려우므로 집안 식구들이 둘러앉아, 정담을 나누며 늦게까지 썰었다.

그때는 참 행복했고 푸근했다. 그런데 그때보다 지금이 몇 배나 더 잘 살게 되었다고 야단들인데, 지금의 아이들은 그때보다 몇 배나 더 행복할까? 요즘 아이들에게 가끔 연민의 마음이 가는 것은 나의 지나친 노파심일까?

엄마야 누나야 고향에 살자

　어느 날 아들놈에게 "네 고향이 어디냐?"고 허허실실(虛虛實實)로 물었다. 그 대답이 가관이었다.
　자기 고향은 병원이란다. 웃어넘기기엔 어딘가 공허한 생각이 들었다. 하기야 서울에 살면서 이 동리, 저 동리, 또 이 골목, 저 골목, 예닐곱 번은 이사를 다녔으니, 자기 고향이 어디라고 딱히 자신 있게 대답하기가 쉽지는 않을 것이라고 혼자 쓴 웃음을 지었다.

　산업사회(産業社會)화가 되고부터 모두가 도시로 도시로 몰려들면서 한 곳에 정착을 하고, 이웃간에 끈끈한 정(情)을 나누고, 그곳의 자연과 산천에 애착을 느끼며 살아가는 진정한 의미의 고향을 갖지 못하는 사람들이 점점 늘어만 가고 있다. 고향이 없다는 것은 사람들의 정서(情緒)를 메마르게 한다.
　정(情)이 없는 사람을 만든다. 그래서 우리 사회를 각박하게 만들고, 기상천외(奇想天外)한 사건 사고를 양산(量産)하고 있다. 정서가 메마르고 정이 없다면 우리 사회는 황폐하고 무미 건조할 수 밖에 없다. 기계적인 생물이 살 뿐이다.
　아름다운 음악, 심금을 울리는 문학, 혼을 불어넣는 예술, 정열의

무도회, 탄성을 자아내는 건축미, 모두가 꿈이 있는 정서 생활의 표현이다. 현대를 카오스(혼돈)의 시대라고 하는 것도 모두가 인간성, 정서가 메마른 데서부터 시작된다.

어쩌다 처음 소개받는 사람에게 고향이 서울이라는 말을 들으면 왠지 친근감이 덜 가는 것을 어찌하랴.

중국의 어느 학자는, 살아가면서 기분이 좋은 순간 33가지 중 하나로 꼽은 것이 「길을 떠났던 사람이 먼 여행을 마치고 돌아올 때, 정든 성문이 보이고 강(江)언덕에 여자들과 아이들이 고향의 사투리로 말을 주고받는 것을 보았을 때」라고 했다.

도연명의 〈귀거래사(歸去來辭)〉에도 고향에 대한 그리움과 정한이 절절(切切)이 배어 있다.

돌아가리 전원이 장차 거칠겠으니
어이 돌아가지 않으리,
허술한 내 집 바라보며 기뻐 달려가니
머슴은 반겨 맞고 어린 자식 문에서 기다리네.
삼경(三經 : 대문, 변소, 우물가로 가는 샛길)은 거칠어졌건만
소나무, 들국화 여전히 남아있도다
부귀는 원하는 바 아니며, 신선도 기약할 바 못되네.
좋은 시절 나 홀로 거닐고
때로 지팡이 끌고 밭에 나가 기심도 매리
동고에 올라가 마음껏 외치고
맑은 냇가에 시도 읊으리
자연의 이치 따라 잠깐 살다 돌아갈
그 천명 달게 받고자 하니,

내 무슨 걱정 근심 있으리.
〈部分〉

 아내나 아이들에 대한 진실한 마음, 전원이나 나뭇가지, 풀포기 하나, 살던 곳에 대한 애착, 너무나 정이 많고 사려가 깊다.
 지금에 살고 있는 우리들, 혼돈의 시대에 살고 있는 우리들, 고향을 생각하는 마음으로 살자.
 고향이 없는 아이들은 시골이 아니어도 좋으니 고향을 만들게 하고 만들어 주자.
 정치 하는 사람들, 후회 없는 마음으로 언젠가는 고향으로 돌아가자. 고향으로 돌아갈 때를 생각하며 정치도 하고 사업도 하고, 공무도 수행하고…….

상가승무노인곡(喪歌僧舞老人哭)

조선조 성종 시절, 어느 날 임금은 백성들의 생활실태를 알아보기 위해 별감 한 명을 대동하고 야간 순시에 나섰다. 깊은 밤 남산 밑의 어느 허름한 동리에 도착했을 때, 다 쓰러져가는 초가에서 통곡소리와 노랫소리가 함께 섞여 들려왔다. 초상이 났으면 울음소리가 들려야하고, 잔치집이면 노랫소리가 울려 나와야 하거늘, 괴이적게도 곡소리와 가성이 동시에 흘러나오니 해괴하기 이를 데 없었다.

임금이 이상히 생각하여 삐죽이 열린 창문으로 안을 들여다보았다. 젊은 상주 한 사람은 노래를 부르고, 젊은 승녀(僧女) 하나는 춤을 추고, 늙은 노인은 통곡을 하고 있었다. 상주가 노래를 부르고, 승려가 춤을 춘다는 것은 그 시절 사회 통념상 있을 수 없는 일이었다.

임금은 대노하여 문을 박차고 들어가, 그 연유를 캐 물었다.

늙은 노인은 아버지이고, 상주두건을 쓴 젊은이는 아들이고, 머리를 깎은 승녀차림은 며느리였다. 늙은 아버지는 상배(喪配)후 아직 탈상을 못했는데, 때마침 회갑 날이 되었다. 찢어지게 가난하여 시아버지 회갑날 약주 한잔도 올리지 못해, 며느리는 삼단 같은 머리를 잘라 그 돈으로 약주와 안주를 마련, 상을 차렸다. 아버지는 며느리의 효심에 통곡을 했고, 남편은 노래를 불러 아버지와 아내를 위로했으며, 며느리는 시아버지 보고 울지 말라고 덩실덩실 춤을 추었던 것이다.

임금은 감격하여 눈물이 핑 돌았다. 즉석에서 그 아들에게 과거시험을 보라고 일렀고, 시험 날짜와 시제까지 알려 주었다. 시제는 상가승무노인곡(喪歌僧舞老人哭).

요즈음, 용돈을 주지 않는다고 부모를 구타하고, 돈 때문에 형제간에 흘킷할킷하고, 고소하고 고발한다. 그것도 모자라 살인까지 서슴지 않는 세태가 되었다. 무엇이 우리들의 가치관을 혼돈으로 몰아넣는가. 세상의 희한한 사건사고는 궁극적으로 재산, 돈의 문제로 귀결되는 경우가 허다하다.

이 시대를 살아가는 사람들, 특히나 풍요로운 물질문명의 자본주의 시대에 재산, 금력은 필수불가결한 것이기는 하다.

열심히 노력하여 부(富)를 이루는 것은 바람직한 일이며 해야 할 일이기도 하다. 그러나 그 부의 축적에는 목적과 쓰임이 올바른 것이어야 한다.

부 자체가 목적이 되어서는 안 되고, 사회정의에 맞는 수단이 되어야 한다. 돈은 쓰기에 따라 그 가치 이상의 효력을 발생하고 추하게 영락하기도 한다.

우리가 일평생을 살아가면서, 삶에 집착하다보면 잠시 잠시 간과하는 것이 있는 것 같다. 세상에서 이룬 부귀영화, 그 외 모든 것은 놓고 갈 수밖에 없다. 부모 형제, 사랑하는 아내, 아들, 재산, 지위, 하다못해 차고 있는 시계, 안경도 이 세상에 내 것이라곤 아무것도 없다.

애착이 크면 클수록 떠나기 힘들다. 가진 것, 세월 따라 하나하나 다 풀어놓고 나를 가볍게 해야 한다. 가벼워야 떠나기 쉽다.

산다는 것은 죽는 연습하는 것이다. 죽는 연습 잘하는 사람이 떠날 때 편안하다.

화장실에서 혼자 우는 아비들
- 딸을 시집보내며 -

　어느 날 저녁을 먹은 후 텔레비전을 켜놓고 뉴스를 보고 있는데, 집사람이 할 얘기가 있다면서 자못 심각한 표정을 지었다. 무슨 심상치 않은 일이 있나 보다 하고 내심 마음의 준비를 다지고 있는데, 집사람 왈, 지영(딸아이)이의 결혼을 서둘러야겠다는 것이었다. '언제인가는 딸아이가 결혼을 하겠지.' 하는 생각을 평소에 하지 않은 것은 아니었지만, 막상 듣고 보니 충격적이었다. 불과 6개월 여 전에 저의 오라버니가 결혼을 했기 때문에, 아직 딸 아이의 결혼은 시간을 두고 생각을 해야겠다고 느긋하게 마음을 먹고 있었다. 아들놈이 결혼을 하겠다고 날을 잡을 때는 그렇지가 않았는데, 딸아이가 결혼을 한다니 왜 그리 가슴이 아릿한지, 얼른 그 이유가 떠오르지 않았다. 이유를 알 것 같으면서도 딱히 꼬집을 수가 없었다. 평소에는 아들, 딸 결혼에 무슨 차이가 있겠느냐며 대범한척 했지만, 나도 세상의 다른 아버지들과 하나도 다를 바가 없는 속물근성의 아버지에 불과한 모양이다.

　저의 오라비가 결혼을 한 것이 얼마 되지 않아, 친척이나 친구들에게 청첩을 하는 게 부담스러우니 좀 더 미루자고, 그럴듯한 이유-사실은 그런 이유도 없는 것은 아니었다-를 들어 강하게 우겼지만, 신랑 측에서 곧 사업을 벌여야 하는데 결혼을 하고 해야 할 일이 있다는 것이었다. 그러면서 한술 더 떠 양가의 상견례 날짜를 잡아 놓았으니, 그 날은 다른 일정을 계획하지 말라고, 이건 상의가 아니라 아예 일방적으로 통고를 하는 것이었다.

출근 후 사무실에 앉아 PC를 켜놓고 공문서 결재를 하는데, 안경알이 흐려져 화면이 잘 보이지를 않았다. 아이와 평생을 같이 살 수 없다는 것을 왜 모르랴마는, 부모 마음을 흡족하게 한 일이 별로 많지 않고, 더구나 사춘기 앓이를 유난히 하여 부모 마음을 아프게 한 적도 있지만, 슬하를 벗어난다고 생각하니 편치가 않았다.

삼동에 베옷입고, 암혈에 눈 비 맞아
구름 낀 볏뉘도 쬔 적이 없건마는
서산에 해진다하니 그를 설워하노라

문득 조식의 시 구절이 떠오른 것은 무슨 주책일까?
딸을 시집보내는 아버지들은 화장실에 가서 혼자 눈물 흘린다고, 누가 얘기했는지 참으로 맞는 말인 것 같다.
그러나 한 끝 생각하면 그것이 부모에게 효도 하는 것이란 말이 맞는 말인 것도 같다.
과년한 딸이 늦도록 결혼도 않고 혼자 지낸다면, 그 또한 얼마나 불효막심한 일인가. 얼마나 부모속이 타겠는가.

그래, 네가 아마도 마지막으로 효도를 하는가 보다. 마음 짠하지만 얼마나 축복할 일이냐.

그렇지만 세상의 모든 딸들아. 부모 곁을 떠나는 너희들, 남 앞에 눈물 보이지 못하고 혼자 우는 아비들의 마음을 조금은 이해해다오.

어머니 내음

많은 꽃의 향기 중에서, 나는 들국화 향기와 동양난의 향기를 매우 좋아한다. 들국화 향내를 맡고 있노라면, 쌉쌀하고 그윽한 향기가 벼슬도, 부귀영화도 모두 버리고, 초야에 묻혀 풍류를 즐기는 선비의 고답적(高踏的) 냄새 같기도 하고, 어릴 적 뛰놀던 고향의 어느 둔덕에서 풍기던 냄새 같기도 하다. 면면이 이어 내려오는 순 토종의 냄새다. 그 향기에 젖다보면 온 몸이 혼곤히 잦아드는 기분이 든다. 그래서 그 자리에 풀썩 주저앉고 싶은 충동이 일어난다.

동양난의 향기는 격조 있는 집안 여인네의 스란치마 속옷에서 은은히 풍겨 나오는 냄새다. 화려하지 않고, 야단스럽지 않으나, 기품 있는 향기다. 두 향기 모두 겸양지덕(謙讓之德)을 갖춘 향기다.

옛날 궁중에서는 비빈(妃嬪)이나 궁녀들이 왕의 총애를 받기 위해 다투어 사향(麝香)을 구해 몸에 지니고 다녔다고 한다. 사향은 사향노루 3살 이상의 수컷에서 마리당 28-30g 정도 밖에 채취할 수 없어 구하기가 여간 어려운 것이 아니었다고 한다.

확실히 좋은 냄새는 기분을 유쾌하게 하고, 사람을 유인하는 힘이 있다. 그래서 많은 사람들, 특히 여인네는 갖가지 향수를 구하여 몸에 간직하고 다닌다. 향수는 때에 따라 그 사람의 인격까지를 평가하는 잣대가 되는 경우도 있다. 유별나게 자극적이고 얕은 냄새는 격이 떨어지고 천박하게 느껴진다. 반대로 은은하고 그윽한 향기는 고매한 인품을 느끼게 한다.

그런데 향수를 지니지 않고도 그 이상의 향기를 느낄 수 있는 사람이라면 얼마나 멋진 사람일까. 인공의 향수를 지니고 다닌다는 것은 악취를 캄프라지 하기 위한 것이니, 역으로 그 사람은 악취가 나는 사람이라고 치부할 수도 있을 것이다.

몽테뉴의 〈수상록(隨想錄)〉에 보면 이런 글이 있다.「여자는 무취(無臭)가 좋은 향기이다. 여자의 행동의 가장 좋은 냄새는 그 행동이 눈에 띄지 않으며, 소문 없는 경우라고 하는 것과 같이, 여자의 가장 완벽한 향취는 아무 냄새도 나지 않는 것이다. 그리고 누가 색다른 좋은 향료를 쓴다면 그것을 사용하는 자들이 그 방면에 무슨 결함을 감추려고 사용하는 것이 아닌가 하고 수상쩍게 생각해 볼만한 이유가 있다. 그 때문에 옛날 시인들의 싯귀에 〈냄새가 좋다는 것은 악취가 난다는 말〉이라는 구절이 있다.」고 했다.

그러나 뭐니 뭐니 해도 하고 많은 냄새 중에서도 유년시절, 어머니에게서 나던 냄새가 제일 행복했다.

어머니 젖을 물고 있을라치면 젖무덤에서 풍겨 나오는 냄새가 나를 안심시켰다.

밖에서 일을 하고 오시면 땀에 젖은 베적삼 냄새와 묘하게 어우러져 어머니 특유의 체취가 났는데, 그 무엇과 비교할 수 없을 만큼 감미로웠다.

세상에 어머니 냄새보다 더 향기롭고 위대한 냄새가 있을까?

아들 결혼하던 날

「아무 것도 못할 것처럼 엄마, 아빠 뒤만 졸졸 따라 다니던 네가 어느새 장성하여 결혼을 하게 되다니 만감이 교차하는구나.

제일 잊지 못하는 일은 네가 세 살 적이던가, 그날이 아마 6월6일 현충일이었지. 비탈진 언덕길에서 놀다가 자전거와 충돌 사고를 당하여 병원에 입원했을 적, 중환자실에 입원을 시키고, 수술담당 의사에게 상태를 물으니, 그 밤을 지내봐야 생사를 알 수 있다는 말을 듣고, 얼마나 애간장을 태웠는지 모른다. 수술실에 들어가기 전, 머리에 붕대를 칭칭 감고, 정신을 잃고 멍하니 허공만 응시하던 네 모습을 병실 밖 의자에 앉아 생각하고 있자니, 어찌 그리 이 아비의 마음을 후비던지…….

세상에 태어나, 부모님 돌아가셨을 때 소리 내어 펑펑 운 것 빼고는 그날, 밤이 새도록 소리 죽여 운 것이 두 번째로 많이 울었던 것으로 기억한다.

엄마 아빠를 떠나면 불안해 하고, 한시도 부모 품을 떠나지 않으려던 네가, 어느 날부터인가 갑자기 친구들하고만 어울리려 할 때는 얼마나 섭섭했는지 너는 모를 것이다. 그러나 한편 이것이 인생이 살아가는 섭리이고, 성장해 가는 단계이려니 생각하니 대견스럽기도 했다.

 항상 어린것으로만 생각했는데, 어느 날인가 네가 하나의 어엿한 성인으로 상대해 주지 않는다고 투정을 부릴 땐, 속으로 얼마나 당황했는지 너는 모를 것이다. 옛말 그대로 자식은 70이 되어도 어린애로 보인다는 말을 너에게 이해시키는 데 상당한 시간이 필요했지.

 끝으로 새 출발하는 너에게 하고 싶은 말이 있다. 인생을 두 번 살 수가 없다. 한 번으로 끝나고 만다. 이 생에서 잘못하고 실수를 했으니 다음 생에서 잘 해야지 하고, 반성할 수 있는 삶이 없다는 것을 명심하고, 부디 사는 것같이 살기를 이 아비는 간절히 당부한다.」

 얼마 전 자식의 결혼식 날 식전에서 낭독한 자식에게 한 편지 형식의 글의 일부이다. 내가 결혼한 것이 엊그제 같이 느껴지는 데, 어느새 세월이 그렇게 흘러 자식 결혼식을 맞이하게 되니, 비단 나만이 느끼는 감회는 아니겠지만, 세월의 빠름과 무상함을 새삼 느끼게 했다. 내 자식이 결혼을 하고 또 그 자식의 자식이 성장하여 결혼을 하고 그렇게 흘러가는 것이 우리네 삶이라는 것을 내 모를 리 없건만, 왜 이렇게 묘한 감정에 휩싸이는지 잘 모르겠다. 남들은 말하기를, 며느리를 맞이하는데 얼마나 기쁘냐고들 하지만 기쁜 마음보다는 내 작은 삶이 자꾸 줄어드는 것만 같아 처연한 심사에 울적한 감정이 더해진다. 그러나 어찌하겠는가, 이것이 엄연한 현실이고 거역할 수 없는 순리인 것을…
 부디 아름답고 성실한 삶을 영위하기를 바랄 뿐이다.

어머니 상경기
- 도라지꽃 서러움 -

"애야, 기차 안에서 내일 아침 봉알보오, 내일 아침 봉알보오, 하고 외치는 소리가 도대체 무슨 소리냐? 나는 아무리 귀를 기울여 들어도, 알 수가 없더구나. 주위를 둘러봐도 아무도 웃는 사람이 없고……."

내가 중학교 다니던 시절인 어느 날 어머니와 단 둘이 있을 때, 어머니가 웃으시며 가만히 물으셨다.

어머니가 난생 처음 서울에 사는 6촌뻘 되는 당시 동아건설 상무로 계시는 형님 댁에 나들이 가는 서울행 완행열차 안에서 들었던 희한한 말이었다. 그 말을 듣는 순간 나는 얼른 납득이 가지 않았으나, 이내 이해가 되었다. "어머이, 그것은 내일 아침 동아일보, 내일 아침 동아일보 하고, 신문 파는 아이들이 신문 사보라고 외치는 소리예요." "아, 그랬구나!"

그 말의 뜻을 누구에게 물어보지도 못하시고, 혼자 웃자니 쑥스럽고, 얼마나 속으로 우스웠을까…….

집안에 화장실이 있어, 대소변 보고 흘러가는 오수가 땅속에서 수돗물과 섞일 것 같아 꺼림칙해서 음식이 잘 넘어가지 않더라고, 서울에서 겪은 불편함을 털어 놓으셨다.

　난생 처음 서울 가서 보고, 듣고, 겪은 것이 당신께는 불편하고 생경스러우셨다.

　복학하기 전 잠시 동안만 공무원 한다는 것이, 내 인생 일대의 직장이 되고나서, 손주의 백일에 수수팥떡이며 백설기 등 음식을 푸짐히 장만하여 그 먼 곳에서 어머님이 상경을 하셨다. 막내아들이 낳은 손주이니 얼마나 귀엽고 사랑스러웠을까. 손주를 등에 업고 입이 닫히질 않으셨다.

　서울 생활하는 막내가 대견스럽기도 했지만, 안쓰럽기만 하셨다. 농사짓는 시골은 뒤주나 광에 나락과 쌀을 가득가득 채워놓고 지내는데, 몇 말씩 사놓고 먹는 쌀독을 들여다보고는 한숨을 쉬셨다.
　손 호호 불고 퇴근하는 나에게 솜이불 속에 묻어 따스하게 덥혀진 내의를 건네시던 어머니.

　상경하여 지내시던 어느 날, 집 앞 조그만 화단에 도라지꽃이 활짝 피었다. 도라지꽃은 그 꽃대의 키가 커서 옆으로 넘어지기가 일쑤고, 이리저리 엉클어져서 주위가 지저분하다. 그것을 어머니가 노끈으로 몇 묶음으로 묶어 세워 놓았는데, 내가 보기엔 묶은 모양이 자연스럽지가 못했다. 그래서 어머니께 말도 없이 즉시 풀어놓아버렸다. 한참 후에 그것을 바라본 어머니가 방으로 들어가시더니 눈물을 쏟으며 서럽게 우셨다. 왜 그리 서럽게 우셨는지 그 이유를 지금도 모르고 있다.
　내가 지금까지 살아오면서 어머니를 가장 서럽게 울게 한 것이 그 일이 아닌가 생각된다.

들과 논밭으로 한시도 가만히 있지 못하시는 어머니는 서울이 답답하기만 하셨다. 이웃으로 마실을 가보기도 하지만, 이웃집이 항상 반가워 할 리가 없다. 말년에 막내아들과 함께 살기를 원하셨지만 뜻대로 되지 못하였다.

지난일은 항상 후회되는 것이 우리네 삶이라 하는데, 후회되는 일이 한두 가지가 아니다. 저 세상에 가서라도 어머니께 도라지 꽃대 풀어놓은 것이 왜 그리도 서러우셨는지, 잊지 않고 꼭 물어볼 생각이다.

가정의 달 5월에

　세상에 삼절문(三絶文)이라 일컬어지는 빼어난 문장이 셋이 있다. 동진(東晋)사람 이영백(李슈伯)의 〈진정표(陳情表)〉와 제갈공명(諸葛孔明)의 〈출사표(出師表)〉, 한문공(韓文公)의 〈제십이랑문(祭十二郞文)〉이 그것이다.

　이영백이 〈진정표〉를 쓰게 된 연유를 보면, 아버지는 어려서 일찍 여의었고 어머니 하(何)씨는 재가하였으므로 조모(祖母) 유(劉)씨의 손에 양육되었는데, 그는 효심이 두터워 조모의 병을 간호하며 밤새워 허리띠를 풀지 않을 정도였다. 진(晋)의 무제(武帝)가 조칙을 내려 그를 태자세마(太子洗馬)로 임명하려 했으나, 자기 아니면 아무도 돌볼 수 없는 조모 유씨를 위해, 임금의 명에 따를 수 없음을 진정표(陳情表)로 올려 간곡히 고사를 했던 것이다.

　〈진정표(陳情表)〉에는 다음과 같은 구절이 있다.
　「본인은 지극히 보잘것없는 미천한 자입니다. 그런데도 폐하께서 큰 은혜를 베풀어 신을 발탁해 주셨으니, 어찌 감히 망설이며, 더 바랄 것이 무엇이 있겠습니까. 다만 조모 유씨의 명이 서산에 해가 지려는 듯 경각에 있고, 숨이 당장에라도 멈출 것만 같아 명을 받들지 못할 뿐입니다. 사람의 명이란 참으로 위태롭고 허망한 것이어서, 아침에 멀쩡하던 유씨의 명이 저녁이면 어찌될지 알 수가 없습니다. 또 신의 조모는, 신이 없으면 여생을 마칠 수가 없습니다. 조모와 손자는 서로가 서로의 목숨을 이어주고 있는 셈입니다. 신은 이러한 일에 마음을 졸여, 조모를 버리고 떠날 수가 없습니다. 신의 나이 금년 마흔넷이며, 조모의 나이 아흔 여섯입니다. 그러니 신이 앞으로 폐하께 충절을 다할 날은 많이 남아있지만 유씨의 은혜에 보답할 날은 얼마 남지 아니한 것입니다. 까마귀 새끼가 자라서 늙은 어미에게 먹이를 물어다 주듯, 노모를 봉양하려는 신의 마음도 그와 같습니다. 부디 유씨가 천명을 다 할 때까지 신으로 하여금 조모를 봉양할 수 있도록 해주시기 바랍니다.

원하옵건대 신의 어리석은 정성을 가엾게 여기시어 신의 작은 소망을 들어주소서.

신은 오직 조모 유씨가 편안히 여생을 마쳐, 살아서는 폐하를 위해 목숨을 바치고, 죽어서는 풀을 맺어 폐하의 은혜에 보답할 수 있게 되기만을 바랄 뿐입니다. 신은 두려운 마음을 이기지 못하여, 삼가 재배하고 이 표(表)로서 아뢰는 바입니다.」

멀쩡한 자기 어머니를 모시기 싫다고, 모시기가 어렵다고, 낯선 곳에 차에 태워버리기도 하고, 갖은 방법을 동원하여 알게 모르게 학대를 하는 일이 비일비재한 오늘의 현실에 비하면, 위 이영백의 조모에 대한 극진한 효성이야말로, 캄캄한 어둠 속에 내리비치는 한 줄기 청량한 빛과 같은 것이다.

공자께서도, 동쪽에 있다는 예의(禮儀)의 나라에 한번 가보는 것이 평생의 소원이었다고 한 우리 나라가, 어찌하다가 이러한 지경에까지 왔는지 모르겠다.

나의 할머니는 스물일곱에 청상(靑孀)이 되셨다. 젊은 과부가 오직 남매인 아버지와 고모를 기르셨다. 당신의 아들인 나의 아버지가 결혼을 하여 우리들 오형제를 두었으니, 할머니의 손자에 대한 애틋한 정이 오죽하셨겠는가. 당신의 등에서는 손자들의 대소변 냄새가 가실 날이 없었고, 어머니·아버지가 우리에게 꾸지람이라도 할라치면 그 역성을 다 들으셨다.

그런데 마지막 운명을 하실 때, 나를 애타게 찾았다고 한다. 객지에 있었던 몸이어서 임종도 못했으니, 그 불효가 얼마나 막심한지 모르겠다.

이제 어버이날이 있기도 한 가정의 달 오월이다. 모든 일의 근본은 효(孝)에서부터 시작한다고 했다.

이 땅의 젊은이들이여, 부모님을 걱정스럽게 하지 말자.

자식농사(子息農事)

북송(北宋) 때의 당송팔대가(唐宋八大家)의 한 사람이었던 소순(蘇洵)이 쓴 〈명이자설(名二子說)〉에 보면 그가 자식의 이름을 지은 연유를 다음과 같이 서술하고 있다.

그는 큰 아들의 이름을 식(軾)이라 했다.

「수레바퀴, 바퀴살, 수레덮개, 수레의 위턱나무 등은 모두가 수레에 있어서 없어서는 안 되는 것들로 제각기 맡은 바 하는 일이 뚜렷하다. 그런데 수레 앞에 있는 가로막이 나무 식(軾)만은 있어서도 그만 없어서도 그만, 별로 하는 일이 없어 보인다. 그러나 식(軾)을 갖추지 않고 완전한 수레가 될 수는 없는 노릇이다.

식(軾)아, 나는 너에게 이 이름을 지어주며 모두가 겉치레에 급급한 세상에서 홀로 진실을 지키려다 세속에 어울리지 못하고 화를 입을까 걱정이다.」

둘째 아들에게는 그 이름을 철(轍)이라 했다.

「천하의 수레 가운데, 땅 위에 바퀴자국(轍)을 남기지 않는 것이 없다. 그런데도 수레의 공덕(功德)을 논(論)할 때에, 단 한번이라도 바퀴자국을 들먹이는 것을 들은 적이 없고, 또 수레가 엎어지고, 말이 죽는 등 사고가 나도 바퀴자국이 화(禍)를 입는 것을 한 번도 본 적이 없다. 이처럼 바퀴자국은 복(福)을 입는 일도 없지만, 화(禍)를 입는 일도 없어, 화와 복의 중간에 있다.

철(轍)아, 내 깊이 헤아려, 그 이름처럼 한 평생 화(禍)가 없기를, 혹 있더라도 쉽게 모면하기를 바라는 뜻에서 네게 이 이름을 지어준다.」

아버지는 두 아들에게 그와 같이 이름 지어 주면서 두 아들이 일생 동안 안온무사(安穩無事)하게 살기를 바랐을 뿐만 아니라, 비록 두드러진 존재는 되지 못하더라도 없어서는 안 될 존재(軾)나 필요한 존재(轍)가 되어 주기를 바랬다.

식(軾)은 송대(宋代)의 문호(文豪) 동파(東坡)이고 철(轍)도 형과 나란히 고문가(古文家)로서 유명하며, 삼부자(三父子)가 모두 당송팔대가로서 대 문장가이다.

작금에 온 나라가 국정의 최고 책임자의 아들 문제로 뒤숭숭하기 이를 데가 없다. 수신(修身)하고 제가(齊家)한 다음 치국평천하(治國平天下)한다고 했는데, 치국평천하보다 어려운 것이 제가(齊家)인 것 같다.

세상 어느 부모가 자식이 옳지 않은 길로 가는 것을 가르치며 원하겠는가 마는, 부모 마음대로 되지 않는 것이 자식의 됨됨이인 것 같다.

우생학(優生學)적으로 봐도 부모가 뛰어나면 그 이세는 열성이라는 설도 있기는 하다.

우리나라 역대 국정최고 책임자의 이세들의 면면은 어떠한가.

부모만큼 뛰어나지는 못할 망정 최소한 그 부모를 욕되게 하고, 세상 사람들을 실망시키지는 말아야 하지 않을까?

겸허한 처세관(處世觀), 사양하는 듯한 생활 태도, 그것을 인생행로(人生行路)에 있어 수레에 비교하여 아들의 이름을 지은 소순(蘇洵)의 뛰어난 예지(叡智)를 오늘에 엿볼 수 있다.

아버지, 아버지가 살아야 가정도 살고 사회도 산다.

송(宋)나라 인종(仁宗)때의 문인(文人) 둔전원 외랑(屯田員外郞)이었던 유영(柳永)이 지은 권학문(勸學文)에 보면,

「부모(父母)가 자식을 기르면서 가르치지 않는 것은 부모가 자식을 사랑하지 않기 때문이다. 가르친다 하더라도 엄(嚴)하게 가르치지 않는 것은 그 역시 자식을 사랑하지 않기 때문이다.」라고 했다.

나의 아버지는 무척이나 엄하셨다. 대대로 이어져 내려오는 유가적(儒家的)인 가풍(家風)을 고스란히 지키길 원하셨다. 당신께서 출타 후 하루만 지나고 오셔도 할머님께서는 어김없이 당신께 큰절을 올리도록 했다. 어쩌다 아버지와 겸상을 하여 밥을 먹을 때면 주의사항이 하도 많아 소화가 안 될 정도였다.

"어른이 수저 들기 전에는 절대 먼저 들지 말 것, 밥 먹기 전, 먹은 후 물을 마실 것, 밥그릇의 밥은 비스듬히 먹지 말고 반듯하게 먹을 것, 밥알을 흘리지 말고, 소리를 내지 말 것, 어른이 수저 놓기 전에 먼저 놓지 말 것, 먼저 일어서지 말 것" 등 그 외도 많다.

학교를 다니면서부터 각종 학자금을 아버지께 직접 타서 쓴 적이 별로 없다. 너무 어려워 어머니를 통해서 간접적으로 받아쓰곤 했다.

아버지의 모습은 풍기는 외모부터 근엄하셨고, 어려움을 느끼게 했다. 수염은 앞가슴을 덮을 정도로 많았다. 눈썹은 앞으로 길게 뻗쳐 겨울철 새벽녘에 밖에 나갔다오시면 서릿발이 하얗게 얼어붙어 처마 밑 고드름이 맺힌 것을 연상시켰다. 그것이 어린 나에게는 두렵기까지 했다. 요사이 사극에서 보는 임금님이나 헌헌장군(軒軒將軍)과 흡사했다. 서울에 다니러 오셨기에, 남산엘 모시고 올라갔더니 수학여행 온 여학생들과 외국인이 당신과 사진을 같이 찍자고 법석을 떨었던 적이 있을 정도였다.

내가 장성을 하고 당신은 어쩔 수 없이 80을 훨씬 넘어 연로하셨던 어느 날, 뜻밖에 당신은 나에게 조용히 물으셨다. 6.25사변 나던 해 여름, 마당에서 온 식구가 저녁을 먹고, 모깃불 피우며 쉬고 있을 무렵 느닷없이 총성이 들리고, 온 동리가 소란할 때 당신께서 어린 나를 덥석 안고 뒤꼍 대나무 밭으로 피신했던 것을 알고 있느냐고…….

내가 지금껏 당신의 사랑의 표현을 어렴풋이나마 느끼고 있는 가장 잊혀지지 않고 있던 그 기억을, 어떻게 부자가 똑같이 느끼고 있었을까…….

나는 다 장성해서야 비로소 어렵고, 과묵하기만 하셨던 당신의 깊고 큰, 묵직한 사랑을 이심전심(以心傳心)으로 느낄 수 있었다.

언제이던가 동리 목욕탕에서 옷을 벗고 탕으로 들어가시는 당신을 부축하면서 나는 놀라지 않을 수 없었다. 뼈만 앙상하게 남으신 그 모습에, 차마 눈을 똑바로 뜨기가 힘들었다. 너무 죄스러웠다. 등을 밀어드리는 내내 가슴이 아렸다. 며칠이 지난 후, 약방에 간단한 약을 지으러 갔더니, 약방 주인 하는 말이 내 마음을 더욱 아프게 했다. 얼마 전 아버지 등을 밀어주던 그 분 아니냐고 하기에 그렇다고 했더니, 나보고 참으로 효자라고 했다. 자기는 아버지가 안 계셔서 등 밀어드릴 사람도 없고, 너무 부러웠다고…….

등 밀어드린 것이 어찌 효도란 말인가? 나는 가슴이 찔렸다. 지금은 효도할래야 할 분이 아니 계신다. 돌아가신 지 오래다.

근자에 이르러 많은 아버지들이 가정에서, 사회에서, 소외돼가고 있는 현상을 지상(紙上)을 통해서, 또 현실적으로 심심찮게 보고 듣는다. 특히 IMF사태 이후 우리의 아버지들이 얼마나 고통을 받고 있는가. 개선장군의 빛나는 휘장도 마다한 채 오로지 앞만 보고 외롭게 달려온 우리의 아버지들, 그 아버지가 잘 났건 못 났건, 사회적으로 지위가 높건 낮건, 돈을 잘 벌고 못 벌건, 내 아버지이니까 소중하고 정(情)이 가는 것이다.

세월이 아무리 흘러도 영원히 변하지 않는 진리가 있다. 아버지는 아버지인 것이다. 아버지들이 살아야 가정도 살고 사회도 산다.

젊은이들이여, 어머니를 슬프게 하지 말자

어버이날이 있는 달 5月, 새삼 어머니가 그립다.
어머니! 말만 들어도 포근하고, 향수에 젖게 하고, 가슴 뛰게 하는 말, 이 세상 이 단어보다 더 위대한 말이 있을까?

「정치가로서 성공한 사람들도 정치를 집어치우는 수가 있고, 편집자로서 성공한 사람들도 신문, 잡지를 집어치우는 수가 있고, 비행가로서 성공한 사람들도 비행을 단념해 버리는 수가 있고, 복싱선수로 성공한 사람들도 때로는 링을 떠나고, 배우로서 성공한 사람들도 무대에서 은퇴하는 일이 있다.
그러나 성공을 하건 실패를 하건, 어머니가 그 모성을 포기해 버리는 일은 생각 할 수 없다. 어머니는 인생에 있어서 자기 위치를 스스로 깨닫고, 또 세상에서 그것과 대신 할 수 있는 사람은 아무도 없다.
무능한 과장, 무능한 지배인, 무능한 사장이라는 것은 있어도 무능한 어머니라는 것은 없다.」고 임어당(林語堂)박사는 말했다.

나는 어렸을 때, 6살이 될 때까지 어머니 젖을 먹었다.
어머니 젖을 물고, 한 손으로는 어머니 목과 가슴을 더듬으면 한없이 느긋하고, 행복했던 기억이 아련히 떠오른다.

6.25 사변이 나고, 누구나 없이 어려웠던 시절, 끼니마다 시커먼 나물죽 먹기가 너무 싫었다. 부엌으로 따라 다니며 어머니 치마꼬리 부여잡고, 쌀밥 좀 해 달라고 철없이 보채면, 대답대신 치맛자락만 눈으로 가져가신 적이 몇 번이었던가.
 이제 살 만 하여 어머니를 모시고자 하나 이미 이 세상에 아니 계신다.

초등학교를 졸업하고 객지 생활이 시작되고부터, 고향에서 어머니를 하직 할 때마다 어머니는 동구 밖 정자나무가 있는 모롱이까지 나오셨다. 서낭당이 있는 솔고개를 넘어, 내가 보이지 않을 때까지 옥양목 치마저고리에 학처럼 서 계시던 모습, 눈에 선하다.
 내가 고개를 넘으면, 분명 때 묻은 소맷귀로 눈물을 훔치셨을 어머니, 그와 같은 일이 돌아가실 때까지 계속되었다.
 군(軍)에 입대하고 첫 휴가를 나오던 날, 경기도 양평에서 버스를 잘못 타 장호원을 거쳐 보은까지 오니, 이미 짧은 겨울 해는 떨어지고 말았다.
 그 곳에서 하룻밤을 자야 했지만, 한시라도 빨리 어머니를 만나야겠다는 일념에, 험악하기로 이름났으며 강도가 출몰하기도 하는, 눈이 내려 희끗희끗한 말티재를 굽이굽이 밤을 새워 혼자 걸었다.

매서운 추위의 한 겨울이었지만, 온 몸에 흥건히 땀이 배었다. 머릿속은 온통 어머니 생각뿐이었다. 집에 도착하여 대문을 두드리니 새벽 3시경 버선발로 뛰어 나오신 어머니가 말을 잇지 못하였다.

아! 그 때, 그 어머니의 모습 …

나의 어머니는 절대 돌아가시지 않을 것이란 애달플 손 안타까운 생각도 허사로, 세월은 흘러 어쩔 수 없이 어머니는 돌아가셨다. 삼우제를 끝낸 후 집안을 뒤져 어머니와 관련이 되는 물건들, 안경, 비녀, 하찮은 실 꾸러미 등을 챙겨 상경을 했다. 그렇게라도 해야 어머니에 대한 절통한 감정을 추스릴 수 있을까 해서였다.

그러나 인간의 이 간사스러운 마음을 어찌 혜량할 수 있으랴. 세월이 흐르면서 어머니에 대한 그 우심(尤甚)한 생각은 점점 희미해지고, 어쩔 줄 몰라 챙겨왔던 그 물건들이 지금은 어디에 있는지도 잘 모른다. 내 자신이 미워지고, 죄스러운 생각이 든다.

우리 인간은 누구나 어머니로부터 태어나고, 어머니의 젖을
빨고, 어머니의 극진한 사랑으로 성장을 한다.
그리고 또 결혼을 해서 아이를 낳고, 그 어버이가 된다.
효(孝)의 방법은 시대나 환경에 따라 조금씩 달라질 수는 있다. 그러나 그 근본이 변할 수는 없다.

가이없는 어머니의 사랑,
이 좋은 계절에 다시 한 번 새겨, 후회 없는 삶이 되어야 할 것이다.
효도를 하려해도 부모가 계시지 않음을 탄식하지 않으려면 지금 순간부터 젊은이들이여, 어머니를 슬프게 하지 말자.

술 때문에

웰컴투 동막골

「진시황의 폭정을 피하여 무릉군의 도원향(桃園鄕)에 들어간 사람들이 별천지를 이루고, 바깥세상과 완전히 단절된 생활을 하고 있었다. 어느 날 한 어부가, 우연히 복숭아꽃이 떠 내려 오는 계곡물을 따라 올라갔다가 좁은 동굴을 지나 드넓은 초원의 도원향을 발견하였다. 그 곳에는 왕도 없었고, 세금도 없는 평화 그 자체였다. 바깥세상의 변천을 전혀 모르고, 늙지도 않고 몇 백 년을 살고 있었다. 어부에게 후한 대접을 해서 바깥세상으로 내보내면서 절대로 그곳의 일을 아무에게도 말하지 말라고 했다. 어부가 세상에 돌아와 군수에게 보고하고, 그곳을 다시 찾으려 했으나 찾지를 못했다.」

중국 진(晋)나라 도연명이 이상향(理想鄕)의 설화를 근거하여 지은 〈도화원기(桃花源記)〉의 줄거리다.

얼마 전 「웰컴투 동막골」이란 영화를 봤다. 「강원도 오지의 동막골, 이웃집의 어느 구석에 무슨 농기구가 있고, 어느 아주머니의 생일이 언제라는 것까지 속속들이 알며, 누구네 돼지 새끼가 몇 마리라는 것까지도 아는 사람들, 옥수수를 갈고, 감자를 함께 캐고, 먹을 만큼만 갈무리 했다. 한나절 장닭이 홰를 치며 한가롭게 우는 소리 온 동리에

다 들리고, 이념이 무엇이고, 전쟁이 뭣하는 것인지를 알 리가 없는 사람들이었다. 총부리를 목에 갖다 대어도, 무슨 쇠붙이냐고 되묻는 사람들 앞에는 오히려 민망할 수밖에 없었다. 수류탄 핀을 반지로 사용했으면 좋겠다는 사람들이었다. 어른을 섬기고, 이웃을 내 식구처럼 여기며 살아가는 사람들이었다.

어느 날 이곳에 부대를 이탈한 국군과, 쫓겨 가다 들른 인민군, 비행기에서 추락한 미군이 공교롭게도 함께 들이닥치고 만다. 처음에 그들은 총을 겨누고 살벌한 관계를 유지할 수밖에 없었지만, 동막골 사람들의 따뜻한 정에 점점 동화되어 같이 밭을 갈고, 강냉이도 튀겨 먹고, 멧돼지도 잡는다. 풀 썰매도 같이 타며 마음을 열어간다.」

동막골이란 마을이, 도연명의 도원향이 가상의 세계이겠지만, 우리들이 항상 마음속으로 동경하는 이상향이다. 인간은 태어나서 어른이 되어가면서, 이상향의 마음을 잃어간다. 이해관계를 계산하게 되고, 욕심이 잉태되고, 질시하고, 타박한다. 이념이 싹트고, 전쟁을 한다. 어른이 된다는 것은 어린이의 마음을 잃어가는 것이다.

우리는 어린아이 적 그 지고지순한 정신을, 유토피아를, 동막골을 언제나 그리워하며 산다.

인간은 본래 선(善)한 존재라고 한 맹자(孟子)의 말씀이 아무리 생각해도 옳은 것 같다.

아! 돌이킬 수 없는 세월, 존재할 것 같지 않은 이상향.

그리움은 행복의 전제(前提)

그리움의 대상이 없는 사람은 역설적인지 모르겠지만 어쩌면 불행한 사람일는지도 모른다. 단장(斷腸)의 아픔과 사무치는 그리움, 그래서 언제인가는 그 대상을 만날 수 있다는 희망을 안고 살아가는 사람이야말로 행복하다고 말 할 수 있을 것이다. 그 꿈이 이루어지는 날에는 그 기쁨이 말할 수 없이 크기 때문이다. 공기가 평소 우리 생활에 그렇게 절실함을 미쳐 깨닫지 못하듯이 부모 곁을 떠나 객지 생활을 하다보면, 부모가 그립고 소중하다는 것을 뼈저리게 느끼게 된다. 그래서 자식이 소중하고 사랑스러울수록 멀리 떠나보내라고 하지 않았는가, 부부 사이도 마찬가지다.

불란서의 대 사상가인 몽테뉴의 〈행복한 임종(幸福한 臨終)〉이란 글에 보면,

「부부간의 애정은 너무 계속해서 함께 있으면 식어지기 쉽다. 모르는 여자는 누구이든 사랑스러워 보인다. 또한 누구든지 경험으로 알고 있는 사실이지만, 항상 얼굴을 맞대고 있는 것은 때때로 사이를 두고 떨어지거나 만나는 기쁨을 따르지 못한다. 이런 중단은 나를 집안

사람들에 대한 새로운 애정으로 가득 채우며, 나에게 가정의 생활을 다시 한번 즐거운 것으로 만든다. 교대로 여행을 떠나거나 집에 있거나 하는 일은 그 쌍방에 대해 욕망을 불러일으키게 한다.」고 했다.

우스운 얘기를 들은 적이 있다. 이웃하여 살고 있는 어떤 친구 두 사람은 같은 회사에 근무를 하는데, 업무상 외국에 장기출장을 동시에 가고 동시에 돌아오곤 했다. 그런데 그들 사이에 태어난 2세들의 생일이 모두 같거나 아니면 며칠간의 차이 밖에 나지가 않았다고 했다.

8.15 광복절에 즈음하여 남북이산가족 만남의 기회가 또 있는 것 같다. 그 동안 여러 번 이산가족의 만남이 있었지만, 그들의 만남을 보고 있노라면 저절로 눈물이 나고 만다. 같은 핏줄을 생이별하고, 오매불망(寤寐不忘) 꿈에서라도 만나기를 원했던 세월이 반세기를 훌쩍 넘지 않았는가. 그리움이 그토록 컸으니 만나는 행복 또한 어떻게 말과 글로 표현할 수 있으랴.

당나라 때의 천재시인 두보(杜甫)가 귀양가 있는 친구 이백(李白)을 그리워하며 지은 구구절절 그리움에 젖은 시가 있다.

생이별은 서럽기만 하여라.
강남 땅은 열병이 많은 곳,
쫓겨간 그대에겐 소식이 없네.
그대가 내 꿈속에 보이는 것은,
우리가 오래도록 서로 그리워하기 때문이네.
꿈에서 본 그대

평소의 모습이 아닌 것 같은데,
길이 멀어서 무슨 일이 있는지
헤아릴 수 없네.
그대의 혼,
단풍나무 푸른 숲에서 왔다가
국경의 검은 관문으로 돌아갔네.
그대는 지금 그물에 걸려 있는 몸,
어떻게 날개 얻어 꿈속에 나타났을까.

초(楚)나라의 가사, 구가(九歌)에는 「슬픔에, 생이별보다 더 서러운 것은 없다.」고 했지만, 이별은 만남을 기약하고, 행복을 예약하기도 하니 슬픈 와중에서도, 행복을 꿈꿀 수가 있다.

독락정(獨樂亭) 유래

자기가 태어나고 자라난 고향이 자랑스럽지 않는 사람이 어디 있을까마는, 나 또한 고향이 한없이 자랑스럽고 그립다. 그래서 기회 있을 때마다 나는 고향 자랑을 침이 마르도록 신나게 하곤 한다.

내 고향은 충청도 금강 상류 외진 곳, 그곳엔 우리 전씨(全氏) 집성촌이 있고, 마을 입구에는 씨족의 상징인 경율당(景栗堂)이란 정자(亭子)가 낙랑장송들 사이에 우뚝 서 있다. 금강 물이 U字로 휘어지는 언덕 맞은편에는 주씨(周氏)의 집성촌이 있고, 그 옆으로 주씨의 상징인 독락정(獨樂亭)이란 정자가 언덕 위에 요염하게 지어져 있다.

유년시절 여름이면 아침밥을 먹기가 무섭게 개구쟁이들과 어울려 그 정자에 가서 놀았고, 놀다가 싫증이 나면 강으로 내달아 해가 저물도록 멱을 감았다. 멱을 감다 벌거벗은 채 강 건너 숲이 우거진 산으로 기어 올라가 머루랑 다래를 따 먹기도 했고, 수박을 가득 실은 나룻배가 윗동리에서 내려오면 앞뒤로 몰려가 막무가내로 수박 배를 조리질 쳤다. 배 주인은 제발 그러지 말라고 악을 썼지만, 수박덩이 몇 개 던져 줄 때까지 악동들은 그치질 않았다. 해가 설핏해지면 강가에

매어 두었던 누렁이 암소를 앞세우고, 저녁 연기 아늑한 동리로 호드기를 불며 돌아왔다.

반딧불이 여기저기 한참 불놀이 할 때쯤이 되면 물 건너 어두컴컴한 산에서는 부엉이가 왜 그리도 구슬프게 울었는지. 수컷은 낮은 베이스(bass)였고, 암컷은 완벽한 소프라노(soprano)로 코러스를 이루었다. 생각하면 그 시절, 그 정경들 그립기 한이 없다.

그래서 기차나 자동차 여행을 하면서 강이 없는 촌락을 지나다 보면 '저 동리에 사는 사람들은 여름을 어떻게 지낼까?' 하고 은근히 걱정이 되기도 한다.

차츰 나이가 들어가면서, 독락정과 경율당에 대하여 그 역사(歷史)를 알고 싶어졌다. 그래서 연로하신 어른들께 물어보았지만 모두다 대답이 시원치가 않았다. 그러다가 최근 우연히 〈고문진보(古文眞寶)〉를 읽다가, 송(宋)나라 명 재상이었던 사마온공(司馬溫公)이 쓴 〈독락원기(獨樂園記)〉를 접하게 되었다. 아하! 바로 이것이었구나! 나는 비로소 쾌재를 불렀다.

그곳에 왈(曰)
「밝은 달은 때 맞추어 나타나 나를 비추고, 맑은 바람은 조용히 찾아와 노닌다. 가도 잡는 것이 없고, 멈추어도 막는 것이 없다. 이목구비(耳目口鼻), 오장육부(五臟六腑) 온몸이 모두 내가 마음대로 할 수 있는 나의 소유라, 보고 듣고 생각하는 데에 아무런 속박이 없다. 한 없는 자유를 마음껏 누리며 혼자 걸어가니, 내 마음은 항상 양양(洋

洋)한 저 바다!

하늘과 땅 사이 그 어디에 이만한 즐거움이 또 있어, 나만이 아는 이 즐거움을 대신할 수 있으랴, 이러한 까닭으로 책을 읽는 즐거움과 동산에 노니는 즐거움을 합하여 독락(獨樂)이라 이름 짓고, 내가 노니는 이 동산을 독락원(獨樂園)이라 이름 짓는다.」

독락(獨樂)은 혼자만 즐기고, 남을 돌보지 않는 것이 아니라 지극히 겸손한, 자신에게만 허용된 즐거움을 의미하는 것이지만, 이곳의 독락은 결코 그것에 머물지 않고, 높고 큰 작자의 지조(志操)에서 비롯된 양양한 독립, 지존의 즐거움이라고 했다.

주례유감(主禮有感)

　무릇 가을이란 그 성(性)이 애처로울 정도로 맑아 연기·구름 같은 잡스러운 것들을 모두 날려 버리기도 하고, 그 모양이 그지없이 맑고 밝아 하늘 더욱 높아지고, 해 더욱 투명해진다고 했다.
　춥지도 덥지도 않은 이 좋은 계절, 선남선녀가 만나 화촉동방(華燭洞房)의 백년가약을 맺는 것, 어찌 아름다운 약속이 아니랴.
　이 일생일대의 성스러운 예식을 집전하는 사람을 우리는 언필칭 주례라고 한다.
　주례는 학식과 인품과 고매한 인격이 겸비된 평소 존경하고, 서로 잘 알고 지내는 그런 사람을 선택, 주례로 모시는 것이 합당하다.
　그러나 지금은 그러한 사람을 찾을 기회가 희소해졌다. 인총이 많다보니 마땅히 주례를 선택하기가 사람마다 용이치 않은 것이 현실이기도 하다. 더구나 이제는 정치인도 이런저런 연유로 해서 제외되고 있으니 범위는 더욱 좁아질 수밖에 없다.
　그러니 생면부지의 사람을, 수고비를 지불하고 주례로 모시는 경우도 생기게 되었다. 주례를 전문으로 익히는 학원까지 있으니, 세태의 아이러니를 실감치 않을 수 없다.

주례사는 일반적으로 간단명료한 것이 바람직하다고 평소 생각해왔다. 신랑 신부가 우수한 성적으로 학교를 졸업했다느니, 타의 모범이 되고, 뛰어나다느니 하는 상투적인 언사를 늘어놓는 것은 진부하고 역겹게 들리기도 한다.

얼마 전 같은 부서에 근무하는 직원의 아들 혼사에 참석했다. 혼주와 인사를 나눈 후 피로연장으로 가서 식사를 하려고 막 수저를 들려고 하는데 혼주가 허겁지겁 달려왔다. 주례 선생이 갑자기 일이 있어 주례를 설 수 없으니, 대신 나더러 주례를 맡아 달라는 것이었다. 세상에 이렇게 딱한 노릇이 있는가. 몇 년 전에도 주례가 갑자기 외국을 출타하는 바람에 본의 아니게 주례를 선 일이 딱 한 번 있기는 하나, 그때는 며칠 전부터 연습도 하고, 주례사도 잘 하려고 노력을 해서 잘 넘겼지만 이번은 참으로 황당했다.

단 10분이라도 여유를 주고 부탁을 받았으면 그래도 낫겠는데, 너무하다 싶어 일언지하에 거절했다. 그러나 식장에 가득한 축하객은 이제나 저제나 기다리고 있을텐데, 예식을 진행치 못하고 있을 것을 생각하니 남의 일로 생각되지가 않았다.

오래 생각할 겨를도 없이 땀 뻘뻘 흘리며 식장으로 뛰어갔다. 무슨 말을 어떻게 해야 할지 머리가 멍멍했다.

부부가 일생을 살아가면서, 지켜야하는 서너 가지를 주례사로 했는데, 그 중에 지금도 기억에 생생한 것이 있다.

"부부는 무조건 의무적으로 일생을 같이해야 한다."는 내용의 말을 했는데, 듣기에 따라서는 황당하게 들릴 수도 있었다. 일생동안 서로 사랑의 마음 변치 말고, 꿈같이 살라고 해야 옳은데 말이다.

내 딴에는, 인간은 지극히 사랑하는 마음, 연애의 감정이 현실적으로 그 지속기간이 3년여 정도이니 나머지는 의무적으로라도 부부의 끈을 놓지 말라는 뜻이었는데…….
　주례사를 끝내고 나오면서 등에서 다시 식은땀이 배었다.
　주례는 아무나 하는 것이 아닌 모양이다.

한식(寒食)에

초등학교 3학년 때, 이천석 선생님이 담임이셨다. 역사시간, 선생님으로부터 한식명절에 대한 유래를 들었는데, 지금도 그 말씀이 또렷하게 뇌리에 남아있다.

「중국 진(晋)나라 문공(文公)시절, 개자추(介子推)라는 충신(忠臣)이 있었다. 그는 고향에 연로한 모친이 살아계셔, 자기가 아니면 봉양할 사람이 없었다. 이에 신하로서 계속 남아 자기를 도와달라는 문공의 간곡한 청을 뿌리칠 수밖에 없었다. 문공의 만류를 거절하고 고향으로 돌아왔지만, 문공은 거듭 사람을 보내 환궁할 것을 요청했다. 벼슬길에 나아가는 것을 피하고, 조정에서 오는 사람도 만나지 않으려고 개자추는 노모를 안고 뒷산 갈대가 우거진 숲속으로 피신을 했다. 문공은 병사들까지 동원, 숲속을 샅샅이 찾아보았지만 헛수고였다.

생각다 못해 숲에 불을 놓으면 그 열기에 못견디어 밖으로 나올 수밖에 없을 것으로 판단, 병사들에게 불을 놓으라고 명령했다. 숲을 다 태웠지만 개자추는 끝내 노모를 끌어안은 채 불에 탄 시신으로 발견되고 말았다.

너무 애통한 문공은 이날 하루만이라도 불을 쓰지 말 것을 전국에 일렀고, 음식을 미리 해놓고 이날만은 찬 것으로 대신토록 했다고 한다.」

훗날 역사적 사실을 재확인해 보니, 그때 선생님께 들은 것과 상당히 다르게 표현되어 있었다. 어쨌거나 불을 쓰지 말라는 의미는 공통된 것이었다.

유년시절 나의 어머니께서는 한식 전날 여러 잡곡을 섞어서 찰밥을 푸짐하게 지으셨고, 이웃집과 나누어 먹었다. 6.25사변이 끝나고 얼마 안 되던 시절, 마을 청년들은 딱따기를 치며 동리를 순행했는데, 어머니께서는 순행 도는 사람들을 불러 한식날 저녁 그 찬밥을 차려 내놓으셨다. 한밤중 순행을 돌던 청년들이 물김치를 곁들여 도란도란 차가운 찰밥을 먹던 모습이 여간 신기로운 것이 아니었다.

설날, 추석, 단오, 한식이 우리의 4대 명절이다. 설날, 추석은 온 나라가 떠들썩하고, 단오는 그런 대로 명맥을 유지해 오는데, 한식을 알고 있거나 쇠는 사람이 많지 않은 것 같아 조금은 섭섭하다.

이제는 추억만으로 남은 명절 한식, 지금이라도 한식의 유래를 되새기고, 이를 되살려 명절로 쇠는 것이 좋을 것 같다.

망각, 건망증, 불편하기만 한가.

 공무원에게도 꿈에 그리던 주5일 근무제가 시행되어, 그 첫 휴일인 2004년 7월 10일(토요일) 과(課) 전 직원 30여명이 단합대회를 갖기로 했다. 그저 먹고 마시는, 의미가 적은 행사보다는 근래에 일어나고 있는 1社1村 돕기 운동에도 일조하는 의미에서, 마침 충북 단양에서 거행되고 있는 마을축제에 참가하기로 했다.
 축제에 참가하여 마을 농가도 방문하고, 즉석에서 그 좋다는 단양마늘을 각자 한두 접씩 사 가지고 왔다. 오는 도중, 버스 안에서 예의 그 노래 부르기가 시작 되었는데, 몇 사람이 앞서 부르고, 드디어 내 차례가 돌아왔다. 내 18번인 노래 「허공」을 불러야겠는데 갑자기 노래 제목이 생각나질 않았다. 노래방엘 자주 가는 것은 아니지만, 때 되면 부르던 그 노래의 제목이 꽉 막혀버렸다. 직원을 시켜 「꿈이었다고 생각하기엔…」으로 시작되는 노래의 제목이 무엇이냐고 알아보라 했지만, 아는 직원이 없다고 다시 돌아왔다. 난감했다. 이별이 주제이니 「이별」인가 아니 「작별」인가? 「그리움」도 아니고, 해당되는 제목이 연상될까 해서 가, 나, 다…로 시작해서 쭉 제목을 떠 올려 보았지만 막무가내다. 자신 있는 노래가 그것이고, 나머지는 별로인데…. '아, 오늘은 노래를 못 부르고 말겠구나.' 생각을 하고 있는데,

얼마 후에야 아는 직원이 있어 귀뜸을 해 주었고, 겨우 위기를 모면할 수 있었다.

30대 후반부터 인간의 뇌세포는 하루에 10만개씩 죽어간다고 한다. 하루에 10만개라면 어마어마한 숫자가 아닌가. 그래서 기억력도 자꾸만 떨어지는가 보다. 어느 때는 내 집 전화번호가 생각나질 않아 실소를 하기도 한다. 친한 사람의 이름이 입에 뱅뱅 도는데 얼른 떠오르지가 않는다. 답답한 노릇이다.

여러 해 전 동사무소의 동장으로 근무할 때였다. 매주 월요일이면 구청에서 구청장을 위시하여 국장, 과장, 동장이 연석하여 간부회의를 한다. 그 시절에는 핸드폰이 보급되기 전이라 각 동장들은 "삐삐"라는 것을 허리춤에 차고 다님으로써 긴급 상황에 대처를 하던 때였다. 아침 일찍 회의 참석을 위해 구청 정문을 들어서는 데, 어디선지 모르지만, 삐- 하는 소리가 간단없이 들려왔다. 무심히 그 소리를 들으며, 회의 장소인 기획 상황실에 들어와 자리에 앉아 있는데도 그 소리는 계속 그치질 않는다. 회의 주관 부서인 총무과 직원들이 그 소리의 원인을 밝히려고 동분서주 하였으나 헛 수고였다. 내가 앉아있는 바로 위 천장의 화재 감지기가 이상하다고 의자를 받쳐놓고 조사를 했으나 밝힐 수가 없었다. 그러는 와중에 회의는 시작되고, 청장은 이게 무슨 소리냐고 의아해 했다. 안전시설에 이상이 있는 것 아니냐고 걱정을 했지만, 1시간 정도 회의는 그 소리를 들으며 마칠 수밖에 없었다. 회의가 끝나고, 청장께 별도 보고할 일이 있어 청장실에 들어가니, 청장실에서 또 그 소리가 나는 것이 아닌가. 청장 왈, "아니 거기서 나던 소리가 귀신이 붙었나? 왜 이곳까지 따라왔나?" 나도 가만히 있을 수가 없어 맞장구를 쳤다. "청장님 정말 귀신이 곡할 일이네요. 이곳까지 따라온 것을 보니 귀신이 붙기는 붙은 모양이네요." 청장께 보고사항을 말씀드리고 청장실을 막 나서는데 총무과 직원이 따라 나오면서 "동장님, 혹시 삐삐 차고 오셨으면, 꺼내보세요." 아뿔싸! 차고 있던 삐삐를 꺼내보니, 전지를 넣는 뚜껑이 열려 있는게 아닌가. 접속이 제대로 되지 않아 고장음이 계속 울렸음에도, 내가 삐삐를 지니고 있다는 생각을 까맣게 잊고 있었던 것이었다. 지금도 그때를 생각하면 쓴 웃음이 절로 난다.

건망증과 망각의 의미가 어떻게 다른지 사전을 뒤져보았다. 망각은 경험하였거나 학습한 내용에 대한 기억을 되살리기 어렵게 된 상태이고, 건망증은 기억력이 부실하여 잘 잊어버리는 병증이라고 적혀있다. 뜻의 큰 차이는 없고, 다만 건망증은 병적 증세인 것이 다를 뿐이다.

망각이나 건망증이 꼭 나쁘기만 한 것인가? 불편하고, 어려움을 느낄 때가 많지만 바람직할 때도 있는 것 같다. 부모형제의 죽음, 사랑하는 사람과의 어쩔 수 없는 이별, 죽마고우의 떠나감, 참기 힘들었던 고통의 순간들. 이 고통스러움을 영원히 생생히 기억한다면 얼마나 살기가 힘들겠는가. 점점 엷어져가고, 잊혀질 수밖에 없는 인간의 본성인 망각, 망각의 힘 얼마나 위대한가.

화를 내지 않고 살수 있다면…

　일생을 살아가면서 화를 내지 않고, 스트레스를 받지 않고 살아갈 수만 있다면 얼마나 좋을까. 얼마나 행복할까, 그러나 그것은 희망일 뿐이며 이루어질 수 없는 이상에 불과하다고 할 것이다.

　생리학적으로 우리 인간은 각종 질병에 걸리지 않고 자연 상태로 수명을 다 할 경우에는 120여년을 살 수 있다고 한다. 그런데 여러 가지 원인 – 음식물, 운동부족 또는 과다, 스트레스, 걱정, 화냄 – 으로 스스로 생명을 단축, 자연수명을 살지 못하고 병들어 고생하다 생을 마치는 경우가 허다하다.

　나는 얼마 전 일본인 의사 하루야마 시게오가 쓴 뇌내혁명(腦內革命)이란 책을 읽고, 그 중에서도 형이상학적인 정신적 측면에서의 원인으로 각종 질병에 걸리는 경우가 대부분임을 알고 놀란 적이 있다.

　인간이 화를 내거나 강한 스트레스를 받으면 뇌에서 노르아드레날린(Noradrenalin)이라는 강력한 혈압 상승제 역할을 하는 신경전달물질이 분비 된다고 한다. 이 물질은 호르몬의 일종으로 대단히 극렬

한 독성을 갖고 있는데 자연계에 있는 독으로는 뱀 다음으로 그 독성이 강하다고 한다.

사람이 한번 화를 내면 황소 9마리를 즉사시킬 수 있는 독성이 분비된다는 어느 생물학자의 말이 있다.

아무리 불쾌한 일을 겪더라도 사태를 긍정적이고 발전적으로 받아들이면 뇌에서는 쾌감을 일으키는 모르핀이 분비되고, 반대로 아무리 행복한 환경에 있는 사람이라도 화를 내거나 누군가를 증오하는 불쾌한 감정을 가지면 몸에 해로운 물질을 분비, 병에 걸리게 된다고 한다.

담배도 "건강에 나쁜데…"라는 부정적인 생각으로 피우면 좋지 않지만, 담배를 즐기는 사람이 작업을 마치고 휴식을 취하며 "아! 좋다."라는 기분으로 피우면 뇌내 모르핀이 분비되어 문제가 없다고 한다.

언제이던가 내가 아는 여자 한 분이 하던 말이 생각난다. 어느 남자를 너무 좋아해 열렬히 사랑을 하고 있는데, 그 남자를 만나고 오는 날은 거울을 들여다보면 자신도 놀랄 정도로 자신이 아름답게 보이더란다.

개를 해부하여 위를 볼 수 있도록 한 다음, 그 개 앞에 맛있는 음식을 갖다 놓으면, 조건반사에 의해 개 위에서 삭임물이 천천히 분비되는 것을 볼 수 있는데, 그 앞에 고양이를 갖다 놓으면 위액 분비가 즉시 중단된다고 한다. 소화와 스트레스가 얼마나 밀접하게 연관되는지 보여주는 실험이다.

어렸을 적 어머님이 들려주시던 이야기가 생각난다. 친어머니와 계모를 어머니로 둔 아무것도 모르는 철부지 두 아이가 이웃하며 살고 있는데, 똑같이 같은 양의 젖을 먹고, 차별 없이 키우고 있음에도 웬일인지 계모의 젖을 먹고 자라는 아이는 살이 거칠며 마르고, 친어머니의 젖을 먹고 자라는 아이는 보기 좋게 살이 찌고 건강하게 자랐다고 했다. 보이지 않는 스트레스가 작용한 것이다. 하숙집 밥은 아무리 잘 먹는다 해도 어머니가 해 주는 것만 못하다. 모두가 우리의 정신적인 작용과 신체 상황이 아주 밀접히 연관되고 있다는 것을 보여주는 좋은 사례들이다.

그런데 재미있는 사실이 있다. 누구나 사회적인 지위를 얻거나 부를 축적하는 등 성공을 하면 행복감을 느끼고, 행복을 느끼면 뇌에서는 몸에 이로운 호르몬, 모르핀이 분비된다. 그러나 이상한 일은 그 성공이 다른 사람을 곤경에 빠뜨려서 이익을 추구했다면 같은 모르핀이 분비되었다 하더라도 오래가지 않고, 반드시 언제 어디선가 이상하게 꼬이게 된다고 하니, 조물주의 현명한 조화에 놀라지 않을 수가 없다.

뇌내 모르핀의 분비작용도 저급한 욕구, 예를 들면 식욕, 성욕은 그것이 일단 채워지면 끝나고 마는데, 차원이 높은 욕구의 실현, 예를 들면 남을 위한 사회사업이나 봉사 활동 등을 하여 기쁨을 느껴 분비되는 모르핀은 아무런 제한이 없다고 하니 창조주의 지고한 뜻을 알 수 있을 것 같다.

이상한 법칙들

왜 하필이면 그 시점에서 그와 같은 방정맞은 생각이 들었을까? 참으로 모를 일이었다. 시골에 계시는 아버지께서 86세로, 몸이 좀 불편하셨지만, 평소 강건한 체질이셨기에 쉽게 나쁜 상황이 일어나지는 않을 형편이었다. 그런데 사무관 진급에 필요한 교육을 위해 교육원에 입교하면서, 혹시 교육 중에 아버님이 무슨 일이 일어나지 않았으면 좋겠다는 매우 이기적이면서도 불효의 생각을 했으니 말이다.

교육기간 2주간 중 일주일이 지났을 무렵 근무지인 사무실로부터 연락이 왔다. 불길했다. 아버님께서 돌아가셨다는 전갈이었다. 동료 교육생들이 불안한 시선으로 바라보았다. 이 시점에서 퇴교하여 진급을 뒤로 미룰 것인지, 계속하여 교육을 받을 것인지 참으로 난감했다. 더구나 분임 별로 발표하는 연구논문 발표가 다음 날이었고, 내가 속한 분임의 발표자가 바로 나였던 것이다. 본인이 점수를 못 받는 것은 감수하겠지만, 나로 인해 전 분임 반원 15명이 0점 처리 될 운명이었다.

그날 저녁 밤 열차로 천추의 한을 남기지 않으려고 시골로 향했다. 과묵하셨지만 자식에 대한 깊은 사랑을 나이 들면서 느끼게 하셨던 전형적인 유교적 사상을 가지신 아버지, 흰 수염, 검은 눈썹이 아름다운 영정 앞에 막내는 어린애처럼 울었다. 그날 밤 나의 사정을 안 형님들께서, 나머지 일은 알아서 처리할 테니 걱정 말고 상경하라는 간곡한 말에 새벽을 재촉하며 올라왔다. 발인을 보지 못하는 죄를 아버님께서는 아마도 용서하시리란 안타까운 자위를 하면서 …

우리가 일생을 살아가면서 이와 같이 일어나지 말았으면 하는 일, 또 원치 않는 일들일수록 적시에 일어난다는 재미있는 법칙들이 있다. "일어나지 말았으면 하는 일일수록 잘 일어난다."는 겁퍼슨의 법칙, "잘못될 가능성이 있는 것은 반드시 잘못된다."는 머피의 법칙, "지난 이사 때 없어진 것은 이사할 때 나타난다."는 질레트의 이사법칙, "펜이 있으면 메모지가 없고, 메모지가 있으면 펜이 없고, 둘 다 있으면 적을 메시지가 없다"는 프랭크의 전화불가사의, "찾지 못한 도구는 새것을 사자마자 눈에 보인다."는 마퀘트의 일요목수의 법칙, "전화번호를 잘못 눌렀을 때 통화중인 경우는 없다"는 코박의 수수께끼, "타인의 행동이 평가 대상이 되었을 때 마음속으로 좋은 인상을 심어주면 꼭 실수를 한다."는 마인스 하트법칙, "집에 가는 길에 먹으려고 생각한 쵸콜렛은 쇼핑백의 맨 밑바닥에 있다."는 쇼핑백의 법칙, "라디오를 틀면 언제나 가장 좋아하는 곡은 마지막 부분이 흘러나온다."는 홀로위츠의 법칙 등 모두가 희망적이 아니고, 바라는 것이 아닌 일들만이 일어나고 있다는 법칙들이다.

그러나 이런 법칙들이란 것은 모두가 인간의 심리상태에 기인한 것이지, 어떠한 과학적 룰이 있는 것은 아니다. 겁퍼슨의 법칙이란 것도, 일어나지 않았으면 하는 마음을 먹는 것은, 그 일이 일어날 확률이 어느 정도 있기 때문이고, 머피의 법칙 또한 잘못될 가능성이 있는 일들이 잘못되지 않았을 때, 인간이 그것을 인식하지 못하고 그냥 넘어가기 때문에, 상대적으로 잘못될 가능성이 있는 일들이 잘못되는 것이 잘 일어나는 것처럼 느껴질 뿐이다.

하는 일마다 바라는 대로 잘 풀린다는 셀리의 법칙도 있지만, 잘되는 일보다 잘못되는 일일수록 더 크게 느껴지고 마음에 오래도록 상처를 준다.

네잎 클로버의 행운(幸運)

　시(詩)를 쓰는 林이란 여인이 겪은 해프닝 한 토막을 전해 듣고, 웃을 수만 없는 인간이 얼마나 운을 쫓고, 운에 약한 존재인가를 새삼 느끼게 했다.

　강원도가 고향인 그는 시골에 다니러 갔다가, 우연히 네잎클로버 몇 잎을 채취하여 자기가 쓴 시집 책갈피에 소중히 간직했고, 어느 날 그 이야기를 친구인 백혈병을 앓고 있는 아이 어머니에게 무심히 했다. 아이 어머니는, 그것은 행운(幸運)을 뜻하는 것이니, 아들이 큰 병으로 곧 입원을 할 텐데, 아들을 위해 그 네잎클로버를 달라고 졸랐다. 그래서 쾌히 승낙을 했다.
　문제는 그 다음이었다.
　한편 林은 모 선배에게, 자기가 쓴 시집을 한 권 선사하기로 전부터 약속한 바가 있어, 같은 시집 여러 권 중에서 별 생각 없이 한 권을 뽑아 주었다. 더러는 바라지 않는 우연이 적중하는 경우가 있는 것 같다. 하필이면 그 책이 클로버가 들어있는 책일 줄이야…….

　아이의 입원날짜가 다가와, 선배에게 사정이야기를 하며 돌려달라고 했으나, 그 네잎클로버가 자기 수중에 들어온 것은, 그렇게 될 수 밖에 없는 운명이고 필연이니 절대로 돌려줄 수 없다고 하더란다. 여러 번 자초지종을 얘기하고, 사정하여 겨우 한 잎을 돌려받아 아이에게 전달했다고 했다.

네잎클로버에 대한 역사와 전설도 많이 있다. 에덴동산에서 이브가 네잎클로버를 가지고 다녔다는 전설도 있고, 아주 오래전부터 켈트족(아일랜드인)은 네잎클로버를 높은 지위를 상징하고, 악령을 쫓아주는 부적으로 사용하기도 하여 행운의 상징으로 여기기도 했다. 네잎이 상징하는 것은 Hope, Faith, Love, Luck이라고 한다. 네잎클로버를 발견할 확률은 어느 책에 보니, A four-leaf clover has the rareness of 1 out 100,000, 즉 십만 분의 일이라고 했다.

나폴레옹이 전쟁 중에 우연히 네잎클로버를 발견, 고개를 숙이는 순간, 날아온 총탄을 피할 수 있었다고 한다. 평소에는 세잎클로버만 보아 왔는데, 네잎은 처음 보는 것이라 신기해서 고개 숙여 자세히 보는 순간, 총알이 머리 위로 스쳐 날아가 버린 것이다.

4H 클럽이라 하여 농촌생활의 개선을 목적으로 하는 농촌 청소년 단체가 있다. Head, Hand, Heart, Health(지, 덕, 노, 체)를 뜻하는 것으로, 그 단체의 상징 배지도 네잎 클로버의 각 잎 위에다 "H"자를 넣어 만들었다.

어린 시절에는 토끼풀이라 하여, 지천으로 널려있는 푸른 융단 같은 클로버 위에서 해 지는 줄 모르고 뒹굴었다. 네잎 클로버를 누가 먼저 찾는지 내기도 했다. 클로버의 하얀 꽃은 너무 앙증맞아, 두 개의 꽃을 어긋맞게 맺어 손목위에 꽃시계를 만들었는데, 벌이 윙윙거리며 꿀을 찾는 꽃송이를 따려다 벌에 쏘여 아린 손을 호호 불기도 했다.

   이상한 일은, 공기가 맑고 오염이 되지 않았던 그 시절에는 네잎 클로버 찾기가 여간 어려운 것이 아니었다. 그런데, 최근 서울 도심에서 이따금 발견되는 클로버 군락 속에서는 꽤 발견되고 있으니 알 수 없는 일이다. 대기가 오염되니 이제는 클로버도 어쩔 수 없이 돌연변이가 많아지는 모양이다.

물의 철학

　지구 표면의 3/4은 물로 덮여 있고, 인체는 70%가 물로 이루어져 있으며 물속에서 태어나 물로 돌아간다. 물속의 미생물들도 95%가 물로 되어 있다.
　물은 지구의 기후를 변화시키기도 하며, 식물이 뿌리를 내려 살아갈 수 있는 토양을 만들기도 한다. 물이 없으면 온 세상의 생명체는 그 삶을 당장 그쳐야 한다. 갈증이 배고픔보다 참기가 더 힘든다는 것은 주지의 사실이기도 하다.

　물은 풀잎에 맺혀 반짝이는 영롱한 이슬이 있는가 하면, 실개천이 있고, 큰 개울이 있고, 그것이 모여 강을 이루고, 강물이 모여서 바다가 되기도 한다. 모난 그릇에 담으면 모가 지고, 둥근 그릇에 담으면 둥근 형태가 된다.

　물은 낮은 곳으로만 흐른다. 절대 위로 흐르는 법이 없다. 장애물이 있으면 돌진하기도 하지만, 미련 없이 피해 가기도 한다. 가르면 갈라지고, 모으면 모아진다. 불평이 없다.

이렇게 연약하기만 한 물도, 때로는 엄청난 재앙을 우리에게 가져다주기도 한다. 공중에 떠도는 수기(水氣)가 성을 내면 뇌성벽력이 되어 천지를 진동시키고, 바다의 물이 한번 노하면 산 같은 해일(海溢)이 되어 모든 곳을 뒤엎어 버리고 만다.

노아가 방주를 만들어 지구상의 모든 짐승 한 쌍씩, 모든 종류의 식물, 그리고 노아의 식구들이 1년간 먹을 음식을 싣고, 40여일을 떠돌게 한 천지개벽도 위대한 물의 힘이었다. 노아의 그 방주가 길이 105m에 넓이 17.5m, 높이 10.5m의 600여 평 정도 밖에 되지 않았다니 그 많은 동물과 식물, 일용품들을 어떻게 실었는지는 잘 모르겠다.

인간의 물에 대한 관심은 예부터 대단했던 모양이다. 과학자, 철학자, 예술가들의 중요한 사색과 연구의 대상이 되고 있으니 말이다. 그리스의 철학자 탈레스는 물은 우주 모든 것의 기본이 되는 원소라 했다. 물의 원소적 조성내용을 처음 발견한 사람은 J. 프리스틸리이다. H.캐번디시는 H_2O의 공식을 확인하기도 했다.

노자는 물에 대하여 "최상(最上)의 선(善)은 물과 같은 것이라야 한다. 물은 모든 생물에 이로움을 주면서 다투지 않는다. 그러면서 사람들이 싫어하는 낮은 곳으로만 흐른다."고 했다. 그는 또 "천하에 가장 부드러운 물이 천하에 가장 단단한 바위를 향하여 돌진하고, 형체도 없는 기(氣)는 빈틈이 없는 곳에도 잘 침투한다." "천하에 물보다 더 부드럽고, 약한 것은 없다. 그러나 굳고 강한 것을 공격하는 데는 물보다 나은 것이 없다."고 했다.

이에 중국의 손무는 그의 저서 〈손자병법(孫子兵法)〉의 허실편(虛實篇)과 병세편(兵勢篇)에서 물에서 얻은 교훈을 십분 활용하여 쓰고 있다.

지금 이라크의 전쟁터에서는 섭씨 50여도를 오르내리는 폭염 속에, 미·영 연합군들은 한 사람이 하루에 페트병의 물을 15통 이상씩 마시고 있다고 한다. 가히 물과의 전쟁이라고 해도 과언이 아닐 것이다.

몇 해 전 유럽 여행을 했을 적, 교포가 운영하는 가게에 들를 때마다 제일 먼저 주인이 권하는 것이 물이었다. 그곳에 있는 자연 생수는 그대로 마실 수 없기 때문이었다.

매년 3월 22일은 세계 물의 날이다. 물을 펑펑 쓰고 있는 우리들, 물 같은 마음으로, 물 같은 철학을 가져 봄이 어떨지.

술, 그리고 담배

내가 술을 처음으로 마셨을 때가 아마 고등학교에 다니던 때가 아니었나 생각된다. 물론 그 전에도 술을 입에 댄 기억은 있지만, 그것은 차례 지낼 때 간단한 음복 정도였으니, 술을 먹었다고 할 수는 없을 정도다. 그 날 추운 겨울이었다. 버스를 기다리는 시골 외딴 집에서 낯선 노인이 따라주는 소주 두어 잔을 받아 마셨는데, 배가 파도에 롤링 하듯이 방안의 천장이 이리저리 요동을 쳤다. 일어서려고 했지만, 온 세상이 황홀하고 몽롱한 기분이 되어 꼼짝하기가 싫었다. 그렇게 술에 대한 첫 대면이 괜찮게 시작되었지만, 그러나 지금은 술맹이니 어쩐 일인지 나도 잘 모르겠다.

담배에 대한 기억도 있다. 초등학교 4학년 때쯤이라고 생각이 된다. 어른들의 담배 피우는 것에 대한 호기심에 몰래 뒤꼍에 숨어서 종이에 담배를 말아 피우는 흉내를 냈고, 그 장면을 형님께 그만 들키고 말았다. 어찌나 호되게 야단을 맞았는지, 지금도 그 때 생각을 하면 절로 쓴웃음이 난다. 형님께서는 어린것의 그런 행동에 장래를 걱정하여 아예 뿌리를 자르겠다는 생각으로 그렇게 호통을 쳤으리라. 그 후 나는 담배에 대한 생각이 부정적으로만 작용을 하여 지금까지 담배를 배우지 못했다.

 담배를 피우지는 못하지만 담배에 대한 아련한 그리움이나 향수 같은 감정을 지울 수는 없다. 담배 피우는 모습이 부럽기도 하고, 멋스러워 보이기도 하다. 예술가는 때에 따라 담배를 물어야 창작의 발상이 떠오르기도 한다고 한다. 영국의 전쟁 영웅 처칠은, 시거를 물고 있는 동안은 상대방이 아무리 원색적인 말로 화를 돋워도 담배연기에 여과되어 무력해진다고 했다. 파이프 담배를 피우는 사람은 절대로 자기 아내와 싸우지 않는다고 어느 학자는 말했다.

 영국 의회의 휴게실에는 항상 담배가 놓여있다고 한다. 회의장 안에서는 명패를 집어던지기도 하며 격렬하게 싸우다가도, 휴게실에 들어서면은 언제 싸웠냐는 듯이 화기애애하다고 한다. 그런 분위기를 만드는 것이 다름 아닌 담배의 힘이라고 한다. 골초 오상순은 어떠했는가? 그는 담배를 입에서 떼지 않고 일생동안 글을 썼다. 영화 〈The longest day〉에서 상륙 작전을 지휘하고 있는 어느 장군은 포탄이 비 오듯 쏟아지는 전선에서도 의연하게 파이프 담배를 입에 물고 전쟁을 독려하는 장면이 있다. 그 여유, 그 자신감, 얼마나 멋스러웠던가! 오스카 와일드는 하루에 담배를 세 갑이나 피웠고, 한밤중에 꽁초를 찾아다니느라고, 이 방 저 방 정신없이 돌아다녔다고 한다.

 술은 어떤가? 역사가 시작된 이래로 뭇 영웅호걸이나 시인 묵객들이 술을 사랑했고, 극찬해 마지 않았다. 이백은 「천고의 시름을 씻고자 백병의 술을 마신다.」고 했고, 도연명은 「매일 취하여 다섯 그루 버들에 봄이 오는 것도 몰랐다.」고 했다. 두자미(杜子美)는 「술에 취하면 왕공 앞에서도 맨머리 보였고, 휘갈기는 붓이 종이에 닿으면 구름 연기같이 글이 쓰여졌다.」고 했다.

술과 담배, 인류의 역사가 사라지지 않는 한, 뭇 사람들의 사랑을 받아 왔고, 받아 갈, 애(愛)와 증(憎)이 오락가락 하는 요상한 물건이다. 그러나 세월 따라 그를 이용하는 가치관도 습성도 조금씩은 변해 가는 것 같다.

술 때문에

조선조 "정철"의 사설시조 〈장진주사(將進酒辭)〉에 보면 다음과 같은 구절이 있다. 「한잔 먹사이다. 또 한잔 먹사이다. 꽃 꺾어 산(算)노코 무진무진 먹사이다. 이 몸 죽은 후면 지개우에 거적 덮어(후략)」

어떤 연유로 해서 이 세상에 술이 생겨났는지 잘 모르지만 인류의 역사와 더불어 술은 우리 인간 생활에 있어 뗄래야 뗄 수 없는 관계로 맺어져 왔다.

즐거워도 술, 슬퍼서도 술, 괴로워도 술, 할 일이 너무 많아서 술, 일이 없어 심심해도 술, 분해서 술, 억울해서 술, 너무 가난하니 힘들어서 술, 풍족하니 기분 내려고 술, 정치나 사업의 막후교섭을 위해서 술, 술 때문에 인간의 역사는 더러는 바뀌었고, 아마도 바뀌어 가고 있을 것이다.

이렇게 편리하고 좋은 술을 나는 잘 먹지 못하니, 참으로 분하고 원통하기 그지없다. 지금은 술자리 풍속도가 많이 바뀌었지만, 몇 년 전까지만 해도 술 잘 먹는 것이 무슨 자랑인 양 거들먹거렸고, 술 못 먹는 사람을 은근히 비하하기도 했다. 그래서 술 좀 배워보려고 무진 애를 써 보았지만, 선천적으로 되지 않는 것을 어찌 해 볼 도리가 없다. 80년대 중반으로 기억되는데, 나에게는 술 때문에 웃지 못 할 에피소드 하나가 있다.

충무로 모 술집에서 어느 날 친구들과 같이 저녁을 먹고 술을 곁들이게 되었는데, 그것이 아마도 양주였으리라. 반 강제로 몇 잔을 받아 마셨으니 술 못 먹는 나에게, 그 결과는 불문가지의 일이었다. 택시를 타고 집이 있는 홍은동 입구까지는 무사히 잘 왔다. 문제는 다음부터였다. 골목길을 막 들어서는데, 어두운 골목 옆에서 갑자기 어느 여자가 나타나 "같이 갑시다." 하면서 나의 팔짱을 끼지 않는가. 정신은 몽롱한데 누구인지 얼른 기억이 나질 않는다. 어느 여자일까? 근처에는 술집이 없으니 술집 여자는 아닌 것 같고,…

옛날에 알던 어느 여자일까? 내가 술이 많이 취한 것 같으니 이상한 사람이 유혹하는 것일까? 아무리 생각을 해도 알 수가 없었다. 발은 자꾸 헛디뎌지고, 팔을 빼려 했으나 놓아주질 않는다. 때마침 5월이라 아카시아 꽃향기는 코끝에 향기롭고, 누구인지는 모르나 여자와 팔짱을 끼고 걸으니 그 기분 과히 싫지가 않았다.

에라, 모르겠다. 가는 데까지 가보자. 그렇게 얼마를 묵묵히 걷다가 보니, 집 앞까지 거의 다 오게 되었다. 갑자기 두려운 생각이 들었다. 아내가 보면 분명히 이상하게 생각할 텐데…. 안되겠다 싶어 "아, 나는 다 왔으니 댁은 이제 가 보시지요." 그런데 그 여자 하는 말 "농담 그만하고 어서 들어가요." 아차 싶어 그제야 정신을 차려 자세히 살펴보니, 내 아내가 아닌가! 취한 김에 쓸데없는 농담이라도 했더라면 어쩔 뻔

했는가.

그때의 그 황당함, 어린애가 남몰래 나쁜 짓 하다가 들킨 심정 바로 그것이었다. 만일 그때, 상대방에게 이상한 말이라도 건넸더라면…. 지금 생각하면 아찔하다.

중국의 진(晋)나라 죽림칠현(竹林七賢)의 한 사람인 유백륜(劉伯倫)은 어찌나 술을 좋아했는지 그의 글 〈주덕송(酒德頌)〉에서 「술단지를 들어 술통의 술을 받아 술잔에 그득 붓고 유유히 탁주를 들이 킨 다음, 술에 젖은 수염을 쓰다듬으며 두 다리를 쭉 뻗고 그 자리에 누워버리면, 베개 삼아 벤 것은 누룩이요, 자리 삼아 몸을 눕힌 곳은 지게미 속이다.」라고 했다.

옛 선인들은 술을 마셔도 풍류(風流)가 있었고, 방일초탈(放逸超脫)하여 노장(老莊)사상의 인생관을 가진 사람이 많았다. 그리하여 다감(多感)한 시인과 철인들을 많이 배출하기도 했다. 그러나 술에 대한 철학이 얕은 사람은 술, 그 자체만을 즐긴다. 술이 술을 먹게 되고 허튼 소리하고, 사람 같지 않는 행동을 한다.

술은 적당히 잘 마시면 건강에도 좋고 삭막한 세상, 오아시스도 될 수 있지만, 잘 못 다루면 패가(敗家)하고 망신(亡身)하는 것 왜 모를까.

강한 자여 그대 이름은…

「약한자여 그대 이름은 여자니라.」

13세기 덴마크 왕국 수도인 엘시노아성(城)에서, 왕자 햄릿은 부왕(父王)의 갑작스런 의문의 죽음으로 슬픔에 잠겨있었다. 부왕이 죽자 숙부(叔父)인 클로디어스가 왕위에 오르고, 몇 달 되지 않아 어머니인 게르트루드 왕비는 서둘러 그 숙부와 결혼을 한다. 이에 충격을 받은 왕자 햄릿이 한탄하며 한 말이다. (섹스피어의 햄릿)

과연 약한 것이 여자일까? 나는 여기에 동의하지 않는다. 우선 인간에게 필수적으로 따라다니는 병(病)의 종류를 보더라도 여자보다 남자에게 걸리는 종류가 훨씬 많다고 한다. 순환기계통, 호흡기계통은 말할 것도 없고 모든 병에 걸리는 빈도나 확률이 더 높다. 비근한 예로 "뇌졸중"의 경우 그 위험도는 남자가 여자보다 30% 이상 더 높다고 한다.

똑같은 기간을 먹지 않고 굶는다 해도 남자보다는 여자의 생존기간이 길다고 한다. 굶는 동안에 하다 못 해 엉덩이 살을 이용해서라도 더 오래 연명하는 모양이다. 그러니 수명이 남자보다 길 수밖에 없는 것은 자명한 일이다.

　6.25사변 때 모든 남자는 전쟁터로 나가고 폐허의 후방에는 여인들과 늙은이, 아이들만 남아 있었다. 그 어려운 시절, 어린 것 등에 업고, 보퉁이 머리에 이고, 농사일이며, 행상을 하고, 양식을 구하는 일을 누가 했는가? 억척같은 어머니 손에 의해 온 가족이 연명하고 살아남을 수가 있었다.

　열녀 춘향이는 큰칼 쓰고 옥에 갇혀 이몽룡을 기다리며 모진 매에 살이 터져 피가 낭자해도 포악한 사또에게 끝까지 항거하며 굳은 절개를 지켰다.

　내가 고등학교 다니던 시절, 3년 간을 기차통학을 했는데 당시에는 남녀 학생 전용 칸이 따로 있었다. 어쩌다 여학생이 남학생 칸을 들어오면 당연하다는 듯이 떳떳하게 행동했는데, 남학생이 여학생 칸을 잘못 들어갔다가는 얼굴이 홍당무가 되어서 쫓기듯이 나와야 했다.

　여름휴가를 맞아 해변에라도 한번 가보라. 여인들이 멋들어진 비키니 차림으로 보무도 당당히 백사장을 활보하고 일광욕을 즐기면 시선이 집중되고 아름답다고 탄성을 자아내지만, 남자가 털이 숭숭한 종아리 내놓고 다녀보라. 별로 감상거리가 되지 못한다. 오히려 징그럽다고 눈살을 찌푸린다.

　가정에서는 모든 경제권을 틀어쥐고 휘두르므로, 불쌍한 남정네들은 매일 용돈을 구걸하듯 해야 한다. 아이들 교육에 있어서도 치맛바람 일으키며 학교를 드나드는 것은 여자의 전유물이 된 지 이미 오래이다. 남자는 모든 면에서 소외되고, 오직 돈을 벌어다 바치는 기계가 다 되어가고 있다.

최근 어느 TV방송국의 사극인 "여인천하"를 언뜻 보니, 조정을 온통 쥐락펴락 하는 것은 궁궐내의 여인들이고, 남자 대신들은 허수아비들 같이 그들의 손아귀에 놀아나고 있으니 그 꼴이 가관이었다.

동물세계에서도 그렇다. 백수의 왕이라고 하는 사자나 호랑이도, 수컷은 그 새끼 출산에 필요한 교미시에 한번 이용당하고는 왕따를 당하고 만다.

여자가 이렇듯 강인한 것은 아마도 매월 한번씩 피(血)를 보기 때문일 것이라고 누군가 우스개 소리로 한 말이 생각난다. 사실 여부를 떠나 어찌 되었든 여자가 약한 존재라는 것에 나는 동의하지 않는다. 어쩌면 햄릿이 한 말은 적어도 우리 사회에서는 맞지 않는 것 같다.

오늘을 사는 한국의 여성들이여! 그대들의 강하고 굳은 심지를 부디 밝고 아름다운 일에 전념하시라.
"강한 자여, 그대 이름은 여자니라."

아! 소리, 소리, 소리

　북송(北宋)때의 문인(文人) 구양수(歐陽修)의 〈추성부(秋聲賦)〉에 보면 다음과 같은 구절이 있다.

　「하늘에는 달과 별이 눈부시게 희고 맑으며, 은하수 또렷하여 손에 잡힐 듯 하구나. 사방 어디에도 인적이라곤 없으니 그 소리는 분명 나뭇가지를 울리고 간 바람소리 일러라. 아, 슬프다. 그 소리가 바로 가을소리였구나. 기다리지도 않던 가을이, 누가 오라 하였기에 벌써 왔단 말이냐. 초목같이 감정이 없는 것도 가을이 되니 가을바람에 느끼어 우수수 떨어진다. 하물며, 감정을 지녀 만물의 영장이라고 하는 인간에 있어서랴. 젊어서 그토록 붉고 곱던 얼굴이 어느새 늙어 고목처럼 되었고, 칠흑같이 검던 머리는 서리 맞은 듯 희어졌구나. 사람이 나고, 죽는 것, 또 한때 성(盛)했다가 쇠(衰)하여지는 것이 누구의 탓이겠는가. 그저 자연계의 출렁이는 큰 물결일 뿐이니, 가을 소리를 탓해 무엇 하리오.」

　무릇 가을을 생각하는 계절이니, 조락(凋落)의 계절이니, 철학자를 만드는 계절이니 하고 말들을 한다. 그만큼 가을은 우리 인간을 슬프게 하기도 하고, 많은 것을 생각케 하기도 한다. 이렇게 가을이 애상(哀傷)에 젖게 하는 이유는 여러 가지가 있겠으나, 그 중에서도 가을이기에 더 슬프게 들리게 되고, 나타나는 소리 때문이리라.

깊은 가을밤, 어느 집에선가 들려오는 다듬이질 소리, 먼 마을로부터 아련히 들려오는 개 짖는 소리, 낙락장송 스치는 솔바람소리, 오동잎 지는 소리, 가랑잎 구르는 소리, 적막한 요사채에서 울려나오는 낭랑한 목탁소리, 한 많은 여인네 방안의 문풍지소리, 섬돌 아래 애간장 녹이는 귀뚜라미소리, 이효석의 메밀꽃 밭을 가로지르는 나귀의 구슬픈 방울소리, 추야장(秋夜長) 긴긴밤 동방화촉(洞房華燭) 좋은 밤에 아름다운 여인의 속옷 벗는 소리, 소리 중에서도 이 소리가 제일 좋다던가?

각설하고, 가을의 소리들은 이렇듯 사람의 마음을 처연(悽然)하게 하고, 정이 많은 사람들을 서글프게 한다.

그러나 우리를 서글프게 하는 것이 어찌 가을의 소리뿐이겠는가. 아프가니스탄의 포탄 터지는 소리, 미국의 곳곳에서 탄저균에 놀라는 소리, 여야 정치인들의 너 죽고 나 살자고 멱살잡고 삿대질하는 소리, 쌀이 너무 많이 생산되어 쌀값 떨어진다는 농민들의 하소연하는 소리, 그림자도 밟지 말라는 선생님들의 권리 찾는 시위소리, 시도 때도 없이 울리는 핸드폰소리, 차량의 경적소리, 어디 그뿐인가. 하루종일 골목을 떠나가게 질러대는 이동 장삿꾼의 ㅇㅇ 사라는 소리,

또 있다. 우리 구청 정문 앞에서 아리송한 이유로 매일 떠들어대는 확성기로 데모하는 소리,

아, 소리. 소리. 소리……

당(唐)나라 한퇴지(韓退之)가 지은 〈송맹동야서(送盟東野序)〉에 보면「무릇 세상 만물은 무엇인가 평안함을 얻지 못하면 소리내어 우는 법」이라고 했다. 자연이고 인간이고 간에 모두가 편안하지 않기 때문에 소리를 낸다.

이제 이 가을도 서서히 깊어간다. 올 가을엔 들어서 기분 좋은 소리만 나고, 귀에 거슬리는 소리는 나지 않았으면 참 좋겠다.

사랑도 지나치면 괴로움으로

휘호(揮毫)대회를 기리며 …
- 은평 Times의 -

「문무백관이 시위(侍衛)하고, 왕이 친임(親臨)하는 과장(科場)에 시제(試題)가 걸리는데 보니, 『춘당춘색 고금동(春塘春色 古今同)』이라 했거늘 이몽룡이 일견(一見)하고, 왕희지 필법(王羲之 筆法)으로 일필휘지(一筆揮之)하여 … 」

지금의 창경궁의 춘당대(春塘臺)에서 이몽룡이 과거시험 춘당시(春塘試)를 보는 장면인데, 춘향전의 한 대목으로 기억하고 있다. 조선조에서 관리등용은 오로지 누가 시문(詩文)을 잘 짓고, 글씨를 얼마나 잘 쓰느냐에 따라 등용의 가부를 결정지었다. 양반계급인 상류층은 글씨를 잘 쓰고, 시문을 잘 짓는 것을 최고의 가치로 여겼다. 그래서 사람을 평가함에 있어서도 글 쓰는 것을 그 판단의 한 기준으로 삼기도 했다.

글의 종류에는 분류하는 방법에 따라 여러 가지가 있겠으나, 크게 산문(散文)과 운문(韻文)으로 구별할 수 있다. 또는 실용적 목적을 위해 쓰는 기사문(記事文), 설명문(說明文) 혹은 전기문(傳記文), 상주문(上奏文), 비문(碑文), 서간문(書簡文) 등이 있고, 한가롭게 붓가는 대로 쓰는 한문(閑文)이 있다. 상주문 중에는 제갈공명의 출사표(出師表)나 이영백(李令伯)의 진정표가 명문(名文)으로 소문나 있다. 소동파(蘇東坡)는 말하길 "공명의 출사표는 간결하면서도 한이 없고, 곧으면서도 방자하지 않아 참으로 위대하다."고 했다.

군주 유비(劉備)에 대한 정의(情義)를 잊지 않고, 울면서 쓴 공명의 글은 구절마다 사람의 마음을 강하게 움직이게 한다.
이영백은 촉(蜀)나라 사람으로, 진나라 무제가 벼슬 태자세마직(太子洗馬職)을 주려고 했으나 96세로 혼자 사는 조모를 봉양할 수밖에 없는 처지를 임금에게 상소하는 진정표를 썼는데, 기교를 부리지 않았으나 글의 내용이 폐부를 찢고, 가슴을 저리게 하는 내용으로 그 효심에 감복하지 않을 수 없게 하는 글이다.
한가히 쓴 수상작으로는 소동파의 적벽부(赤壁賦), 도연명의 귀거래사, 왕희지의 난정기(蘭亭記)가 빼어난 것으로, 시문(詩文)을 즐기는 사류(士類)들이 한가롭게 시(詩)와 술(酒)과 산수(山水)를 즐기면서 세월의 흐름을 애석하게 생각하고, 인생의 덧없음을 영탄(詠嘆)하는 글들이다.

이렇듯 글이란 사람의 마음을 움직이게 하여 맺힌 것을 뚫게 하고, 한을 풀게 하고, 정을 솟게 하고, 서글프게도 하며, 사랑의 마음을 싹 틔우게도 한다. 때로는 생(生)과 사(死)를 갈리게도 한다.
촌철살인(寸鐵殺人)하는 한 구절의 글 때문에 인생의 진로가 바뀌는 예가 허다하고, 삶의 가치관이 새로이 정립되는 계기가 되기도 한다.

근자에 와서는 과학문명이 발달하여서인지 글 쓰는 것을 많이 볼 수 없어 안타깝다. 필요한 문장은 컴퓨터가 대신하고, 편지대신 전화, 핸드폰이 대신한다. 나는 군에 가 있을 때, 그 겨울, 부모님이 너무 그리워 장문의 편지를 썼는데, 어머님이 그 편지를 읽고, 또 읽으면서 동지섣달 긴긴 밤을 자식 생각으로 지샜다고 했다.

글이란 말로 할 수 없는 것을 감동적으로 나타낼 수 있어 좋다.

다행히 금번에 본지 은평Times가 주관이 되어 휘호대회를 개최하여 성황을 이루었으니 얼마나 시의 적절하고 다행한 일인지 모르겠다.

앞으로도 이와 같은 행사를 수시로 개최하여 시나브로 정서가 메말라 가는 우리 사회에 소금 같은 존재가 되기를 바란다.

외국어의 꼴불견들

 우리 은평구와 중국의 심양시(옛, 봉천)의 우홍구는 우호협력관계를 맺고 있다. 작년(2004년 5월) 한국의 날 행사에 우리 구에도 초청장이 왔고, 나를 포함한 공무원 3명과 기업체 대표 2명 등 다섯 명이 우홍구를 방문하게 되었다.

 첫날 공식일정을 마치고, 숙소인 인터칸티넨틀(intercontinental) 호텔로 가서 저녁식사를 한 후 시간을 내어 인근 맥주 집에 들러, 익일에 있을 일정을 상의하며 시간을 보냈다. 기업체대표 등 3명은 계속 남아 술을 들었고, 나와 같이 간 직원 둘은 그곳을 먼저 나와 택시를 탔다.

 숙소인 호텔 이름을 대니 서슴없이 출발을 했다. 몇 십 분인지 시내를 이리저리 돌더니, 도착한 곳은 숙소가 아닌 엉뚱한 호텔이 아닌가. 다시 차를 돌려 시내 호텔 여러곳을 돌아다녔지만 기사는 호텔 자체를 몰랐다. 할 수 없이 다른 택시를 잡아보았지만, 역시 마찬가지였다. 다시 택시에서 내려 지나가는 택시들을 하나하나 불러 호텔 이름을 외쳤지만 하나같이 고개를 돌렸다. 영어로 되어 있는 호텔을 모르고 있었다. 그러기를 여러 시간, 지칠 대로 지쳐 이제는 인터칸티넨틀 호텔 부르는 발음도 입에서 제대로 형성되지 않았다. 세상에 그 많은 기사들이 명색이 무궁화 다섯 개인 특급 호텔을 모른다니, 도대체 이 도시 시민들은 영어를 그리도 모른단 말인가. 어느 호텔엔가 내려 프런트의 여직원에게 호텔이름을 대었더니, 호텔이름의 영어 스펠링을 적어보라고 하기에, '옳지, 스펠링까지 써보라 했으니, 이번에는 틀림없겠지.' 그러나 그것도 아무 소용이 없었다. 새벽 서너 시가 되니 덜컥 겁이 났다. 조선족이나 중국인이 한인들에 대해 나쁜 짓도 한다고 들었기 때문이다. 초조했다. 그때 마침, 일행인 직원이 밤늦게까지 문을 연, 조선족 술집으로 택시기사와 같이 가서 자초지종을 설명하더니, "조오지! 조오지!" 하면서 걸어왔다. 조오지라니 발음 한번 요상했다. 호텔이 중국 명칭으로는 조오지란다. 호텔에 도착하니 새벽 4시, 호텔 명패를 살펴보니 intercontinental 밑에 洲際(조오지)라고 적혀있었다.

중국은 그렇고, 우리 사회는 어떤가. 예를 들어보자. 목욕하러 간다면 될 것을 사우나 하러 간다고 한다. 목욕하러 간다면 어딘가 촌스러워서인가, 세련되지 못해서인가, 아주 틀린 말은 아니겠지만 사우나란 본시 핀란드식 증기 목욕을 말하는 것이다. 어디 사우나뿐인가. 미장원이나 미용실 하면 어디가 덧나는지, 헤어살롱 아니면 헤어 숍이라 간판을 건다. 예식장도 웨딩타운, 웨딩프라자라 하고, 피부과, 정형외과도 무슨 무슨 클리닉이라 한다. 극장이나 영화관은 씨네마관, 씨어터이고, 사진관도 빠질세라 무슨 스튜디오, 심지어는 복덕방하는 친구의 명함에도 무슨 컨설턴트라고 한다. 심부름센터도 퀵서비스, 이삿짐센터도 트랜스 아니면 익스프레스다.

앞의 중국 사람들은 외국어를 어지간히도 안 배우고, 몰라서 문제이더니, 우리는 외국어라면 사죽을 못써서 문제다. 사죽을 못쓰는 정도가 아니다. 영어는 어려서부터 배워야 한다고, 배부른 임산부가 외국으로 가서 출산을 한다. 코흘리개 어린 것을 외국으로 모셔가서 기러기 부부가 되는 예가 허다하다.

외국어와 외국 문물, 물론 많이 배우고 많이 익혀야 한다. 그래야 우물 안 개구리가 되지 않는다. 그러나 쓸 데 안 쓸 데, 마구 외국어를 사용하는 것도 참으로 꼴불견이다. 별로 필요성을 느끼지도 않는데 외국어를 사용, 현학(衒學)시하는 언동에서는 연민을 느끼게 한다.

사랑도 지나치면 괴로움으로

사랑하는 사람을 가지지 말라.
미운 사람도 가지지 말라.
사랑하는 사람은 못 만나 괴롭고,
미운 사람은 만나서 괴롭다.

인도의 법구(法救)가 서술한 불교 경전인, 법구경(法句經)중의 한 구절이다.

속세에 때 묻어 살아가는 우리들, 일생을 살아가면서 사랑하는 사람, 잊지 못할 사람, 그리운 사람을 어찌 갖지 않을 수 있으랴. 어버이와 자식간, 부부, 연인, 친구, 그리고 이 세상에 와서 갖가지 끈질긴 인연을 맺을 수밖에 없다.

그런데 살아가는 동안 어떤 연유로 해서든 그 인연의 끈을 풀게 되고, 만날 수 없는 처지가 되는 경우가 허다하다. 아니 우리들의 삶 자체가 끝내는 헤어질 수밖에 없다. 이것이 삶의 철칙이다.
그래서 많은 시인 묵객들은 그 별리(別離)의 안타까움을 글로써 나타내곤 했다.

바람 맑고, 달 밝은 밤, 낙엽이 떨어지고, 새들이 깃 찾아 날아가는 것을 보노라면, 헤어진 친구가 더욱 그리워진다. 고 이백(李白)은 읊었다.

바람 많고
달 밝은데
낙엽은 모였다가 흩어지고
새들, 깃들이려고 푸드득거리는 가을밤,
서로 그리워하는 우리,
다시 만날 날 언제이리
오늘, 이 밤
이별의 정한을 어찌 가누리

어머님이 돌아가시던 날, 아버님이 돌아가시던 날, 일요일 조카가 결혼하던 날에, 반갑게 인사하고 헤어진 형님이, 이튿날 교통사고로 돌아가셨다는 부음을 듣던 날, 나는 차라리 당신들과 속세의 연(緣)을 갖게 된 것이 한스러웠다.

조물주는 만인에게 공평한가보다. 무한한 사랑과 좋은 인연을 맺은 사람들에게 그만큼의 고통도 안겨주고 있으니 말이다.

신라 눌지왕(訥祗王) 때의 충신 박제상(朴堤上)이 일본에 볼모로 가 있는 왕자를 구출하고 자신은 체포되어 죽음을 당해 돌아오지 않자, 그의 아내는 수릿재의 제일 높은 바위 위에 올라가 멀리 왜국을 바라보며 매일 통곡하다가 그대로 돌부처가 되어 망부석(望夫石)이 되었다고 한다.

  사랑도 극에 이르다 보면, 때로는 미움으로 변하기도 하고, 원망으로 둔갑을 하여 괴로우니, 법구경에 있는 경구대로 사랑하는 사람도, 미워하는 사람도 만들지 말았으면 좋으련만, 우리네 보통사람들이야 도달할 수 없는 피안(彼岸)의 세계인 듯 하다.

팔진미(八珍味)

재물에 대한 욕구, 색(色)의 욕구, 음식욕, 명예욕, 수면욕을 우리는 보통 인간의 오욕(五慾)이라 칭한다. 평범한 사람들은 이 오욕의 바다에서 한시도 헤어날 수가 없다. 그 중에서도 음식에 대한 욕구 또한 무궁무진하다.

조선 헌종(19세기) 때 정약용의 아들인 정학유가 지었다는 〈농가월령가〉의 4월령 끝 구절에 보면 농민들이 농사일을 하면서 망중한(忙中閑)을 이용, 천렵하는 모습을 한 폭의 동양화로 그렸다.

「수단화 늦은 꽃은 봄빛이 남았구나. 촉고를 둘러치고 은린옥척(銀鱗玉尺) 후려내어 반석에 노구걸고 솟구쳐 끓여내니, 팔진미(八珍味) 오후청(五候鯖)을 이 맛과 바꿀소냐.」

팔진미(八珍味)란 음식의 맛이 얼마나 빼어난지는 아직까지 먹어보지 못했으니, 그 기막힌 맛을 어찌 알 수 있으랴. 궁금하기도 하여 팔진이란 음식의 조리법을 찾아보았다.

「순오(淳熬) : 얇게 포를 떠서 소금에 절인 고기를 지져서 밭벼로 지은 밥에 얹은 다음, 그 위로 기름을 부어 만든다.

순모(淳母) : 얇게 포를 떠서 소금에 절인 고기를 지져서 좁쌀밥에 얹은 다음, 그 위로 기름을 부어 만든다.

포(炮) : 돼지 또는 암양의 배를 갈라 내장을 빼 내고, 그 뱃속에 대추를 채운 다음, 그것을 물 억새로 짠 망으로 싸서 빙 둘러 점토를 발라 불에 굽는다. 흙을 떼어 낸 후 3일 낮 3일 밤을 찐 다음 초와 소금으로 맛을 낸다.

도진(擣珍) : 소, 양, 고라니, 사슴, 노루의 등심살을 이용한다. 그 고기를 잘 두드려 힘살을 제거하고, 잘 익힌 다음 얇은 껍질을 제거하여 고기를 부드럽게 한다.

지(漬) : 반드시 갓 잡은 고기를 사용하되, 법도대로 잡은 것이어야 한다. 얇게 포를 떠 좋은 술에 담갔다가 하루 낮과 하루 밤을 지낸 다음, 소금이나 매실초로 조미한다.

오(熬) : 소, 양, 고라니, 사슴, 노루의 고기를 사용한다. 고기를 두드려 얇은 껍질을 제거한 다음, 억새로 짠 망 위에 펴놓는다. 계피가루와 생강가루를 고기 위에 뿌리고 소금으로 간을 해서 말린다.

삼(糝) : 소, 양, 돼지의 고기를 사용한다. 고기를 잘게 썰어 쌀가루를 섞어 잘 끓인다. 쌀가루와 고기의 비율은 2:1이다.

간료(肝膋) : 개의 간장 한 개를 사용한다. 이것을 창자 사이에 있는 기름으로 싸서 소금과 간장을 발라 불에 굽는다.」

참으로 사치스러운 음식들이다.

당나라 태종 때의 중서성(中書省)관리로 있던 장온고(張蘊古)가 지은 〈대보잠(大寶箴)〉에 보면

「아무리 크고 으리으리하게 꾸민 궁궐에 있어도 기거할 자리는 무릎 하나 펼 수 있는 작은 공간이면 되고, 팔진(八珍)의 산해진미가 식탁에 그득하여도 먹을 수 있는 것은 고작 한 배를 채울 정도의 것이다.」고 했다.

몇 년 전 속리산 법주사엘 간 일이 있었다. 식사를 위해 산채정식을 주문했더니 그 반찬 숫자가 30여 가지는 됨직했다. 거의 다 남기고 말았다.

중국 은(殷)나라의 포악한 군주, 주(紂)왕은 술로써 연못을 만들고, 고기로써 숲을 만들어 남녀를 발가벗겨 그 사이로 서로를 쫓게 하면서 긴 밤이 새도록 술을 마셨다고 한다.
예나 지금이나 음식에 대한 탐욕으로 인해 자신의 건강은 물론, 나라까지 잃고 죽임을 당하기까지 했다.

나의 유년시절, 어머니는 밥을 하면서, 아궁이 숯불에 된장찌개를 얹어놓고, 얼른 뒤꼍의 대나무 밭으로 가서 달래 몇 뿌리를 캐어온다. 그것을 깨끗이 씻어 끓는 찌개에 넣으면 그맛이야말로 팔진미에 버금가는 어머니의 손맛이었다.

통 큰 지도력

서기 207년 중국의 관도전투에서 중원 최대의 세력인 원소를 꺾은 조조는 도망친 원소의 잔당을 쫓아 북방정벌에 나선다. 그때 개국공신 가운데 한 사람인 조홍이 적극 만류를 한다. "겨울이 다가오고, 식량도 부족하니, 정벌을 미루라."는 것이었다.

그러나 조조는 정벌을 강행했고, 혹한과 식량부족 속에서도 결국은 승리를 하고 돌아왔다.

그런데 조조는 개선하자마자 조홍을 불러, "싸움에서는 이겼지만, 그만큼 어려움도 컸으니, 싸움을 말린 네가 옳았다. 앞으로 좋은 일은 서슴지 말고 말하라."며 큰 상을 내렸다.

1938년 고려 우왕 14년 요동정벌에 나섰던 고려의 우군도통사 이성계가 압록강 하류의 위화도에서 군사를 회군한, 소위 위화도회군 사건, 명나라가 쌍성총관부 관하의 지역을 영유하기 위해 철령위(鐵嶺衛) 설치를 통고하자, 고려에서는 최영이 중심이 되어, 명나라의 대고려 전진기지인 요동 정벌론이 제기되었다. 이에 우왕은 최영을 팔도도통사로 삼아 평양에 나가 독전케 했고, 조민수를 좌군도통사, 이성계를 우군도통사로 삼아 정벌군을 이끌고 출정케 했다. 처음부터 요동정벌에 마음이 없었던 이성계는 정벌군이 압록강하구 위화도에 이르자 좌군도통사인 조민수와 합세, 농사철에 군대를 내어 전쟁을 함은 불가하고, 요동까지는 너무 멀고, 장마철이라 군량운반이 곤란하고, 습기로 활이 풀려 싸움을 하기 어렵고, 소국이 대국을 치는 것이 옳지 않다고, 네 가지 불가론을 내걸고 회군, 최영을 고봉현(지금의 고양)에서 참살하고, 우왕도 강화도로 쫓은 후 조선을 세우는 기틀을 잡았다.

결과와 상관없이 충고를 소중히 여길줄 아는 조조의 통 큰 리더십은 훗날 위나라가 천하통일을 할 수 있게 한 기틀이 되기도 했다.
상황은 조금 틀리지만, 이성계는 자기의 책무는 완성치 않고, 자기의 뜻과 다른 임무를 주었다 하여 상대방을 주살하고 제거함으로써 슬픈 역사의 단초를 만들기도 했다. 모두 자기의 뜻은 이루었지만 인간적으로 누가 더 빛이 나고, 칭송받는 인물인지는 불문가지이다.

바람직하지 못한 선조와 서글픈 역사를 지녀서일까. 조선시대 내내 자기네 파당과 다른 뜻을 가진 무리들은 철천지 원수로 여기고, 자고 나면 당파싸움에 세월을 보내다, 드디어는 다른 민족에게 나라를 잃기도 했다.

작금의 현실도 마찬가지다. 정치판은 물론이고, 사회구성원간, 심지어 친족 간에도 뜻을 달리하는, 이해관계를 달리하는 사람들 간에는 용서와 관용이란 있을 수가 없는 게 다반사다.
통 큰 지도력, 대인다운 너그러움, 공과 사를 가릴 줄 아는 혜안을 가진 지도자가 절실히 필요한 게 요즈음의 세태다.

춘추필법(春秋筆法)으로 …
- 은평타임즈 창간 한 돌에 즈음하여 -

　춘추필법(春秋筆法)이란 말은 공자(孔子)가 쓴 〈춘추(春秋)〉에서 연유한다. 오경(五經)의 하나인 이 책은 춘추시대의 노(魯)나라의 역사를 기록한 역사책이다. 노나라의 사적(事蹟)은 이미 그 나라의 사관이 편년체(編年體)로 서술한 것이 있었는데, 공자가 이를 윤리적 입장에서 비판하고 수정을 가하여 정사선악(正邪善惡)의 가치판단을 내린 것이다.

　지금에 와서는 글을 씀에 있어, 비판의 태도가 썩 엄정함을 일컬을 때 자주 인용되고 있다. 글이란 모름지기 옳고 그름에 대한 비판의 태도가 엄정해야 한다.

　우리는 흔히 언론을 입법(立法), 사법(司法), 행정(行政) 외에 제 사부(四部)라 하기도 하고, 언론인을 무관(無冠)의 제왕(帝王)이라 하기도 한다. 그만큼 언론이 사회에 미치는 영향이 크고 국민에 대한 사명감 또한 무시할 수가 없는 것이다.
　인구가 얼마 되지 않고, 산업이 발달하지 못했던 원시 사회에서는 각종 정보가 그렇게 많이 필요하지 않았다. 그저 먹고 자고 하는 최소한의 생명유지 활동이 고작이었고, 또 그 정도에서 만족을 했지만, 정치, 경제, 사회 또는 문화생활이 시시각각 눈이 핑핑 돌 정도로 변화하는 현대에 와서는, 밥은 한 끼 굶을지라도 정보 없이는 눈멀고, 귀먹은 생활을 할 수밖에 없게 되고 말았다. 그 정보를 가감 없이 전달하는 신문이야말로 우리의 일상생활에 있어 혈액과 같은 역할을 하고 있는 것이다. 이 혈액과 같은 정보 전달 수단인 신문이, 정사선악의 사회상을 어떻게 옳고 바르게 가려내어 기록하고, 충실히 보도하느냐하는 것이 가장 큰 문제의 본질이 되고 있다. 여기에는 용기와 기백이 필요하다. 흰 것을 희다 하고, 검은 것은 누가 뭐라 해도 검다 하고, 세모난 것은 세모났다 하고, 둥근 것은 둥글다 하고, 정(正)은 정이라 하고, 사(邪)는 사라고 할 줄 아는 기백이 필요하다.

〈회사의 부(懷沙의 賦)〉에 보면 다음과 같은 글이 있다.

검은 무늬를 어둠 속에 놓으면
청맹과니는 무늬가 없다 할 테고
저 이루(離婁 : 옛날의 눈 밝은 사람)라도 눈을 가늘게 뜨면
맹인은 장님이라 하리라.

흰 것을 보고도 검다 하고
위를 뒤집어 밑이라 하고
옥과 돌을 뒤섞어
평말(平斗)로 되어서 한되(枡)로 헤아려 버리는
저놈들의 비열함이여!

옳고 그름을 뒤섞어 버리려는 간특한 자들에 대한
피에 맺힌 분함을 잘 나타내고 있다.

사무사(思無邪)란 말이 있다. 공자(孔子)가 지은 〈시경(詩經)〉의 노송경편(魯頌吟篇)에 있는 말인데 공자가 말하기를 시경은 삼백여 편으로 되어있어 그 체재(體裁)라든가 종류가 다양하지만 직역해서 말한다면 노송경편에 있는 사무사 석자로 요약이 된다고 했다. 시경은 착한 사람은 더욱 분발시키며, 사특하고 간악한 자는 징계하기 위하여 일언일구(一言一句)를 꾸밈과 거짓 없이 쓴 것이라고 했다.

신문의 기사를 작성할 때에도 일언일구에 사무사의 정신으로 꾸밈과 거짓이 없어야 한다. 춘추의 문장과 같이 한 자 한 자를 가려 씀으로써 언필칭 사회의 목탁이 되어야 한다.

어느덧 "은평타임즈"가 창간 한 돌을 맞게 되었다. 그 동안 말 못할 역경도 있었을 것이다. 앞으로도 숱한 어려움이 왜 없을 수 있겠는가.

부디 불편부당(不偏不黨)하고, 공평무사(公平無私)한 기사를 씀으로써 춘추필법의 엄정(嚴正)함을 구현(具現)해 주기 바란다.

왼손이 한 일 오른손이 몰라야

연말이 가까워졌나보다. 올해도 어김없이 구세군의 자선냄비의 종소리가 거리에 울려 퍼진다.

자선냄비는 1891년 크리스마스가 가까워질 무렵, 샌프란시스코에서 첫 종소리가 울렸다고 한다. 당시 도시의 가난한 사람들이 갑자기 어려움을 당하여 슬픈 크리스마스를 지내게 되었는데, 그들을 도울 방법을 찾다가 구세군의 조셉맥피라는 자가 영국에서 가난한 자들을 돕던 형식을 이용, 오클랜드 부두에다 큰 쇠솥을 다리를 놓아 내어걸고 이렇게 써 붙였다. "이 국솥을 끓게 합시다." 그랬더니, 많은 사람들이 동참하였고, 그해 크리스마스에 따뜻한 음식을 그들에게 제공할 수 있는 기금을 마련할 수 있었다. 이것이 구세군 자선냄비의 시초가 되었다고 한다.

한국에서도 1928.12.15 당시 구세군 사령관이었던 박준섭에 의해 서울도심에 처음 자선냄비가 등장했다.

며칠 전 어느 일간지 사회면에 큰 활자의 크기로 대조적인 제목의 두 가지 사건이 나란히 실린 것을 보았다.

하나는 「대한항공 결항률 70%, 항공마비」라는 기사였다. 1억원에 달하는 연봉에 각종 혜택을 누리는 조종사들이 자기 몫이 마음에 안 든다고 파업을 결행한 것이다. 사회의 따가운 눈초리에 그들 주장 또한 가관이었다. "연봉이 많은 직장인은 자기주장도 할 수 없느냐?" 아주 틀린 말은 아닌 성 싶다.

그 옆의 또 하나는 「9년간 얼굴 없는 봉사」였다. 9년간 자기 이름을 숨기고, 박봉에서 매월 10~20만원을 쪼개고, 거기에 봉사활동까지 한 사람은 장관도, 국회의원도, 대기업의 사장도, 봉급이 많은 회사원도 아닌 시골 경찰서 하위직 경찰관이었다.

원효대사는 당나라로 유학길을 떠나던 중 당항성(唐項城)에 이르러 한 고총(古塚)에서 잠을 자다가 잠결에 목이 말라 마신 물이 해골에 괸 물이었음을 알고 모든 것은 마음먹기에 달렸음을 깨달았다.
가진 것이 많고 적음도, 마음먹기에 달려있다.
부자의 많은 돈도 좋지만 난타(難陀)의 빈자일등(貧者一燈)이 빛을 발하듯 각자 처해 있는 환경에서 정성을 다하는 성의가 중요하다.
또 좋은 일을 하고 성금을 내더라도 보이기 위한 것이면 그 성의가 반감된다. 연말연시만 되면 불우이웃 시설을 찾아가 사진 한 장 찍고, 생색내는 사람들이 많다.
왼손이 한 일을 오른손이 모르게 하는, 얼굴 없는 천사가 많아야 살 맛나는 세상이 될 것이다.

우리 조상들은 이웃을 도울 때 아무도 보지 않게 치마폭에 숨겼다가 옆구리에 찔러 넣어 주었다. 뒤안으로 가만히 불러내 성금이 적음을 사죄하며 주었다. 아무에게도 말하지 말라고 다짐하며 건네기도 했다.

남을 돕는 것이 무슨 죄나 되는 것처럼…….

지하철에서 생긴 일

「남편의 뜻하지 않은 주검을 관에 넣고, 대형 점보비행기에 어린 딸과 함께 슬픔을 가누며 탑승, 이륙했다. 남편 생전에 딸과 함께 단란했던 추억을 곱씹으며 비행 도중 깜박 잠이 든 사이, 사랑하는 딸이 비행기 내에서 실종되는 사건이 발생했다.

기내가 발칵 뒤집히는 수색작업을 수차 벌였으나, 도저히 딸을 찾지 못하자 여인은 반은 실성, 딸을 부르며 난동을 부린다. 기장과 보안관의 강력한 만류도 뿌리치고 기내 아래 위층은 물론, 기관실 내부로 침투, 거미줄같이 엉킨 기계실 곳곳을 미친 듯이 찾아 헤맨다. 전직 비행기 제작회사 설계직원으로서 기내 사정을 너무나 잘 알고 있기에 가능했다.

한편 보안관과 승무원이 서로 짜고 비행기 회사로부터 거금을 갈취하기 위해 여인의 어린 딸을 기내에서 유괴한 사실은 아무도 모르고 있었다. 기장과 450여명의 승객들에 의해 미친 여자 취급을 받았지만, 여인의 기지로 결국은 딸을 찾아낸다.」는 Flight plan이란 영화의 줄거리이다.

강남의 모 영화관에서 영화를 관람하고, 저녁 늦은 시간 귀가길에

3호선 지하철을 탔다. 마침 경로석이 비어 있기에 중간에 일어날 요량을 하고 자리를 잡았다.

맞은편 자리에는 35,6세쯤 되어 보이는 건장한 남자가, 큰 트렁크 두개를 발밑에 놓고 앉아 있었고, 가운데 자리에는 4,5세쯤 되어 보이는, 딸인 듯한 눈이 크고, 예쁜 아이가 앉았다. 그 옆으로 어머니로 보이는 미인형의 여인이 앉아, 어디론가 열심히 휴대전화를 하고 있었다.

처음에는 무심히 보았는데, 시간이 흐를수록 엄마로 보이는 여인이 딸에게 너무 무관심하게 보였다. 엄마가 아닌 다른 사람이구나 하는 생각이 들었다. 남편은 어린 딸에게 무슨 이야기인지 계속 말을 건넸으나 어린이는 전혀 반응을 하지 않고, 대답 한마디 하는 기색도 없다. 그 큰 눈에는 물기까지 촉촉히 어리고, 슬픈 듯한 표정을 하고 있었다. '어린 것이 어찌 저리 과묵하고 침착할까?'...

그때, 내 옆자리에 앉아있던, 술에 취한 듯한 50대 남자가 별안간 벽력같은 소리로 맞은편 그들에게 소리쳤다. "그 아이가 당신들 딸이오!" 반응이 없자 두 번, 세 번, 소리쳤다. 차내의 시선이 모두 몰려왔다.
"그 아이가 당신들 딸 아니지요?"
"납치한 것이지요?"
"내가 전직 형사인데, 내 예감이 틀림없어, 당신들 고발할 거야. 이런 망할 것들!"

젊은 부부는 기상천외의 갑자기 당한 일에 어이가 없었는지 잠시 침묵이 흐른 뒤 여인이 대꾸했다. "술을 먹으면 곱게 먹을 것이지 웬

행패야. 고발할 테면 해!"

술 취한 자칭 형사는 때릴 듯이 그들 앞으로 다가가며 바른 대로 대라고 계속 윽박질렀다.

그는 나에게도 물어왔다. "아저씨가 보기에도 저들의 딸이 아닌 것 같지요?" 대답하기가 민망하여 웃고 말았다.

사실은 내가 보기에도, 평범한 부모와 딸의 관계로 보기에는 어설픈 면이 있기는 있었다.

젊은 부부는 견디다 못해 내릴 곳도 아닌 정류장에서 서둘러 내리는 것 같았고, 술 취한 자칭 형사도 고래고래 소리를 지르며 고발하겠다고 따라 내렸다.

영화 내용과 비슷한 한편의 코미디 같은 현실을 보니, '우연치고는 참으로 묘한 우연이구나.' 하는 생각이 들었다.

세상의 모든 범죄행위가 다 나쁘겠지만, 그중에서도 가장 비인간적이고, 저주받을 범죄 중의 하나가 어린이 유괴, 납치 행위일 것이다. 생각해보라. 애지중지 갖은 사랑과 정을 준 자식을 유괴당한 어버이의 심정을… 차라리 죽었다면 세월이 흐르면서 망각 속으로 차차 흐려질 수도 있겠지만, 살아있으면서 고초를 겪고 있을 자식을 생각하면, 눈을 감기 전까지 피를 말리는 고통이 따르지 않겠는지.

너무도 가슴 아프게 했던 왕년의 개구리 소년 사건의 그 부모들도 가산을 탕진하고, 병이 깊어, 그 중 어느 사람은 죽어갔고, 살아있어도 사는 것이 아닌 생활을 하고 있다는 것을 우리는 지면을 통해 전해 듣고 있다.

서라벌 밝은 달밤 밤들이 노니다가

우리 선조(先祖)들은 마음이 너그러웠고, 화통하고, 활달했다. 그 유유자적(悠悠自適)한 멋진 풍류스러움으로 신라 사람들은 삼국을 통일했고, 고구려 사람들은 중국 벌판을 웅비(雄飛)했다.

〈삼국유사(三國遺事)〉에 나오는 처용(處容)에 관한 설화를 보더라도 우리 민족성의 너그러움의 일면을 엿볼 수 있다.

"서라벌 밝은 달에, 밤드리 노니다가(東京明期月良夜 入伊遊行如可)
　들어사 자리에 보곤, 다리가래이 네이러라(入良沙寢矣見昆 脚烏伊四是良羅)
　두 개는 내해었고, 두 개는 뉘해런고(二兮隱吾下於叱古 二兮隱誰支下焉古)
　본래가 내해이다마는 빼앗아날 어찌하리 있고(本矣吾下是如馬於隱 奪叱良乙何 如爲理古)

"서라벌 밝은 달밤에 밤이 이슥하도록 노닐다가, 집에 들어와 보니 침실에 다리 가랭이가 넷이로구나, 두 개는 아내의 것인데, 다른 두 개는 누구의 것인가, 아내를 범하여 빼앗아 버렸으니 이일을 어찌할꼬."

처용은 이렇게 노래하고 껄껄 웃으며, 덩실덩실 춤을 추며 집을 나와 버렸다.

이미 빼앗긴 것을 어찌할 것인가? 이미 더럽혀진 아내의 정조를 성을 내고 화를 낸들 아무 소용이 없다. 폭행, 살해, 감옥, 별짓을 해도 돌이킬 수는 없다.

이 담대하고 유유자적한 모습에 아내를 침범한 역신(疫神)은 크게 놀라서 꽁무니를 빼고 말았다. 지금 사람 같으면 그 자리에서 박살을 내든지, 요절을 내고 보았을 것이다.

얼마 전 참으로 어처구니없는 살인사건을 신문에서 보았다. 술이 잔뜩 취하여 저녁 늦게 돌아온 다세대 주택에 사는 사람이 잠을 자다가 위층에서 부부싸움 하는 소리를 잠결에 듣고, 시끄럽다고 뛰어올라가 칼로 살해를 했다. 그런데 더욱 놀라운 일은 살해당한 사람이 부부싸움을 한 것이 아니고, 엉뚱한 다른 집 사람을 잘못 알고 일을 저지르고 말았다.

세상이 너무 혼란스럽다. 바라본다고 찌르고, 공중전화 오래 건다고 찌르고 살해한다. 하찮은 일에도 참지 못해 눈 흘기고, 말이 거칠어지고, 온통 흙탕물이다. 젊은이들이 도(道)에 어긋나는 행동을 해도 못 본 척 한다. 아니 그럴 수밖에 없는 세상이 되고 말았다. 낮이나 밤이나 서울이나 산촌이나 불안, 잔인, 공포, 포악이 산재한 세상에서 우리는 불안하게 살아가고 있다.

생각해보면, 우리가 살고 있는 이 세상은 참으로 보잘 것 없는 티끌에 불과하다. 백오십억 광년 우주 속의 수많은 은하계, 그 속에서도 작은 우리 은하계, 그 은하계 안에서도 작은 우리 태양계, 그 태양계 중의 하나인 우리 지구, 그 하잘 것 없는 땅에서 인간들은 서로 못마땅하여 흘기고, 할퀴고, 찌르고, 찍고, 아옹다옹 편할 날이 없다. 그러다가 수 억겁(億劫)의 세월에 비하면 찰나(刹那)에 불과한 세월을 살다가 초로(草露)같이 사라진다.

그런데 무엇을 연연(戀戀)해 하는가? 용서(容恕)하는 마음, 너그러운 마음, 깊은 사려(思慮), 넓은 도량(度量), 그것이 우리 선조들의 마음이고, 정신이었다. 우리 후손들의 마음도, 심연(深淵)에는 그것들이 분명히 깔려있다. 그것을 오늘에 되살린다면 얼마나 좋을까? 우리 사는 이 세상이……

소유(所有)의 불편(不便)함

　전 국민의 대다수가 소유하고 있다는 그 흔해빠진 핸드폰인가 이동전화인가를 나는 갖고 있지 않고 있다. 갖고 있지 않다는 것이 무슨 자랑이 아니라, 별로 필요성을 느끼지 못했고, 어쩌면 내 천성이기도 한 것 같다.　공직(公職)에 담은 몸이기에 언제인가는 의무적으로라도 가져야 될지 모르지만 어쨌거나 지금은 없다.

　어느 날인가, 사무실에 이동 장사꾼이 와서 그 기계를 무료로 준다기에 무슨 생각이 발동해서였던지 일시적으로 가진 적이 있기는 하다. 그러나 서너 달이 채 못 되어 그만 잃어버리고 말았다. 그 물건을 잃어버리기 전에는, 그것을 쓰기 위해 정기적으로 충전을 해야 했고, 출근할 때는 깜박 잊고 집을 나오다 다시 들어가서 챙긴 적이 여러 번이었다. 길을 가다가도 그것이 주머니에 잘 있는지 가슴을 쓸어보아야 했고, 사용료 고지서가 발부될 때면 얼마나 나왔는지 궁금하고, 체납이 되지 않도록 신경을 써야했다.

　그러다가 잃어버리고 나니 그렇게 후련할 수가 없었다. 자유를 만끽(?)했다.

길을 가다가 그 물건을 개목걸이같이 목에 덜렁덜렁 걸고 다니는 사람을 보면 측은한 생각이 드는 것은 나의 신경과민일는지도 모르겠지만 어찌됐든, 좀 안됐다는 생각이 들 때가 많다.

천성이 게으른 탓도 있겠으나, 나는 아직도 자동차 운전면허가 없다. 친구들이 모여 대화의 주제가 운전면허에 관한 것이라도 나오면 할말이 없다. 운전면허 딸 때의 무용담을 늘어놓으며, 자랑 비슷한 너스레를 떨면 나는 꿀 먹은 벙어리가 된다.

여러 해 전, 하계휴가를 맞아 아내가 운전을 하여 멀기도 한 거제도 남단, 해금강을 구경하러 간 적이 있다. 그곳에서 일박(一泊)을 하고, 구마고속도로를 거쳐 지리산 자락의 풍광을 구경할 겸, 88고속도로를 돌아 올라오는데, 운전대에 앉은 아내가 내내 불평을 늘어놓았다. "나는 온 신경을 집중, 운전하느라 그 좋은 경치를 제대로 관상치 못하니 이런 불공평한 일이 어디 있느냐? 빨리 운전을 배워 이럴 때 교대로 하면 얼마나 좋으냐." 뭐 그런 내용의 불평이었다.

그래서 내가 운전을 배우지 않는 이유에 대해 일장 연설을 했다.

"왜 운전을 배워서 이 좋은 경치를 제대로 못보고 스스로 애상(哀傷)을 받치는가? 운전을 하게 되면 사고를 내지 않기 위해 죽기 직전의 정신을 쏟아야 하고, 주차할 곳이라도 마땅치 않을 때는 똥 마려운 강아지 꼬리 물고 돌듯이 끝없이 돌아다녀야 하고, 심술궂은 놈이 차에 흠집이라도 내 봐라 얼마나 속이 상하는가? 기름이 떨어지지 않았는지 항상 점검도 해야 하고, 차체가 더러우면 남이 손가락질 할까

봐 자주 세차도 해야 한다. 그 시집살이를 왜 사서 하고 있는가. 나는 절대로 그런 애물단지 같은 운전을 배우지 않겠다." 아내의 속에 불을 지르고 말았다.

　법정(法頂)스님의 〈무소유(無所有)〉란 책에 보면 이런 말이 있다. 「무엇인가를 갖는다는 것은 다른 한편 무엇인가에 얽매인다는 것이다. 필요에 따라 가졌던 것이 도리어 우리를 부자유하게 얽매인다고 할 때, 주객이 전도되어 우리는 가짐을 당하게 된다. 크게 버리는 사람만이 크게 얻을 수 있다는 말이 있다. 아무것도 갖지 않을 때 비로소 온 세상을 갖게 된다는 것은 무소유의 역리(逆理)다.」

제3의 인생, 이렇게 살아야지

 이제 정년이 되어 공직을 떠나면 제3의 인생을 살련다. 매일 옥졸라 매던 넥타이 훌훌 풀어버리고, 가벼운 청바지에 구두대신 운동화 신고, 마음껏 거리를 기웃거리며, 보고 싶었던 것 실컷 구경도 하고, 체면 때문에 먹어보지 못했던 거리의 빈대떡도 사먹어 보고, 사람들 냄새도 실컷 맡아야지.

 매일 정시에 기상하여, 마음 졸이며 허겁지겁 출근하던 틀에 박힌 생활, 이제는 그만하고 내 마음 시키는 대로 살아가련다. 누가 나를 속박할 것인가. 자연에서 태어나 자연으로 살고, 그러다가 자연으로 돌아가는 것.

 이 몸뚱이 그동안 얼마나 스스로를 구속했던가. 언제인가는 돌아가야 할 몸. 얼마나 세상의 틀 속에서 외롭게 방황했던가.
 그동안 혹사만 시키고, 잘 돌보지 않아 구석구석 부실해져가는 몸, 남은 세월동안만이라도 알뜰히 사랑해야지.

 고향의 앞산에 흐드러지게 피는 참꽃도 꺾어보고 어머니가 전병을 붙여주던 울타리의 외씨버선 닮은 골단추 꽃이 지금도 피고 있는지 찾아보련다.

지금은 뿔뿔이 흩어져 어디에 살고 있는지 모르는 죽마고우들도 수소문 해 보고, 실개천과 유장히 흐르는 그 금강 물도 여전히 푸른지 편한 마음으로 가봐야지.

몹쓸 전립선암으로 고생하다 갓 50에 유명을 달리한 가장 친했던 친구, 병우와 인생을 설계하고 꿈을 노래하던 그 백사장도 옛날처럼 깨끗한지.

아무 생각 없이 가벼운 마음으로 시장 구경도하고, 물건값도 깎아보고, 파장에 주정꾼들의 아귀다툼하는 것도 구경해야지. 돌아올 때는 아내가 좋아할 선물도 하나쯤 사들고, 달빛 받으며 흥겨운 귀거래사라도 읊어볼 것이다.

세수를 하루쯤 안하면 또 어떤가. 늦잠도 실컷 자고, 마음가는대로 발길 닿는 대로 걸어도 보고, 생각이 머무르면 시도 읊고, 글도 써봐야지.

마음에 맞는 친구 만나면 아무데나 걸터앉아, 막걸리 한잔정도 기울이며, 그동안 어떻게 살아왔는지, 인생이 어떻고 삶이 어떠냐고 물어도 볼 것이다. 그러면 허허 웃으며 이렇게 대답하겠지, "인생이란 한 조각구름이 모였다가 흩어지는 것"이라고.

애당초 공직을 목표삼아 직업을 선택한 것은 아니었지만 살다보니 이렇게 되었다. 도연명은 41세에 귀거래를 했다지만 못난 이 몸, 이순이 넘어서야 떠나게 되었다.

새삼 살아온 날들을 후회해봐야 무슨 소용 있겠는가.
빈손으로 이 세상에 왔다가, 사랑하는 가족과 친척, 좋은 이웃, 잊지 못할 친구를 얻었고, 분에 넘치는 것들도 가져보았으니 이제 더 무엇을 바라고, 애 태울 것인가
천명대로 살다가, 천명대로 가리.

지훈아! 한 번뿐인 人生 이렇게 살아다오.

인쇄일	2006년 4월 18일
발행일	2006년 5월 10일
저 자	전 오 식
펴낸이	이 홍 연
펴낸곳	月刊 書刻文人畵
	㈜이화문화출판사

등록 | 제300-2004-67호
주소 | 서울시 종로구 내자동 167-2번지
전화 | (02)732-7096~7
FAX | (02)738-9887

값 10,000원

ISBN 89-8145-473-6

이 책의 내용을 쓰고자 할 때는 저작권자의 허락을 받아야 합니다.
잘못된 책은 바꾸어드립니다.